Hannelie Jestädt
Bewegung und Tanz im Familiengottesdienst

W0051716

Hannelie Jestädt

Bewegung und Tanz im Familiengottesdienst

leibhaftig beten

Verlag Butzon & Bercker Kevelaer
Klens-Verlag Düsseldorf

Die Deutsche Bibliothek – CIP-Einheitsaufnahme

Jestädt, Hannelie:
Bewegung und Tanz im Familiengottesdienst : leibhaftig
beten / Hannelie Jestädt. – Kevelaer : Butzon und Bercker ;
Düsseldorf : Klens-Verl., 1996
ISBN 3-7666-9960-1 (Butzon und Bercker)
ISBN 3-87309-129-1 (Klens-Verl.)

ISBN 3-7666-9960-1 Verlag Butzon & Bercker
ISBN 3-87309-129-1 Klens-Verlag

© 1996 Verlag Butzon & Bercker D-47623 Kevelaer
Alle Rechte vorbehalten
Umschlagabbildung: Pedro Filho, Brasilien
Umschlaggestaltung: Elisabeth von der Heiden, Geldern
Notengraphik: Arion Verlag Siegfried Schießl, München
Satz: v.d.H. Computersatz, Geldern

C. Bewegung und Tanz
   im Familiengottesdienst

Einführung

Es ist eine bekannte Tatsache, daß viele Christinnen und Christen keinen Zugang zur Feier ihres Glaubens, dem Gottesdienst, haben. Vieles wird als zu starr und veraltet empfunden, so daß eine Verbindung von Gottesdienst und Leben nur schwer zustande kommt.

Auf der anderen Seite versuchen engagierte Laien und Priester, Gottesdienste so zu gestalten, daß sie den heutigen Bedürfnissen entgegenkommen, damit die Botschaft Jesu „ankommt" und man miteinander ein Fest feiern kann.

Auf diesem Weg beobachte ich zwei Strömungen: In fast jeder Gemeinde wird einmal im Monat ein *Familiengottesdienst* gefeiert, der alle – vom Kleinkind bis zu den Großeltern – ansprechen soll. Dabei stehen eindeutig die Kinder im Vordergrund. Für sie stellt sich die Feier des Gottesdienstes besonders schwierig dar, denn kirchliche Feiern mit ihren Aussage-, Sprach- und Bewegungsformen haben kaum Berührungspunkte mit dem Alltag von Kindern. Was bedeutet zum Beispiel eine Kniebeuge, wo Knicks und Diener zur Begrüßung längst aus der Mode sind?

Zum anderen bemühen sich Erwachsene, meist Frauen, die Tiefe eines Gottesdienstes durch liturgischen Tanz neu zu erfahren. Die Ganzheitlichkeit des Menschen wird heute allenthalben verstärkt in den Blick genommen, sei es in der (Alternativ-)Medizin, bei Ernährung, Psychomotorik, Yoga, „Touch for health" wie auch in der Pädagogik. Der gegenseitigen Beeinflussung von Körper und Geist, von Bewegung und Gesundheit, der Einheit von Leib und Seele werden wir uns neu bewußt. Da wagen auch Christinnen und Christen, die Leiblichkeit in den Gottesdienst einzubeziehen.

Gottesdienst – Liturgie – ist Beten in Gemeinschaft. Das Wesen eines Gebetes als Begegnung zwischen Mensch und Gott läßt sich in Worten nicht ausdrücken, das Innere des Menschen wird berührt, öffnet sich der Gottheit und bringt sich selbst ihr gegenüber zum Ausdruck. Das erfahren viele, die den Tanz wagen, am eigenen Leib. Körperbewegungen bewegen etwas im Innern der Tanzenden, ja den ganzen Menschen in seiner Einheit. Auch im Innern dessen, der nur zusieht, schwingt etwas mit, wenn er sich darauf einläßt und dem Tanz nicht gegenübersteht wie bei einer Theateraufführung.

Tanz im Gottesdienst verstehe ich als Beten mit dem Körper, als Möglichkeit, sich einer Begegnung mit Gott zu öffnen, zusätzlich zu oder anstelle von Worten und Musik. Zugleich ist er Ausdrucksmöglichkeit des Glaubens und läßt sich in der Verkündigung einsetzen. Die biblische Botschaft kann dadurch neu, anders, tiefer erfahren werden.

Nun handelt es sich hier um zwei ganz verschiedene Möglichkeiten, heute Gottesdienst zu feiern: Familiengottesdienst und Gottesdienst mit liturgischem Tanz. Das Buch will beide Ansätze miteinander in Beziehung setzen und Gemeinsamkeiten aufgreifen. Es zeigt, wie Kinder durch das Medium Tanz im weitesten Sinne (also alle Bewegungselemente eingeschlossen) den Gottesdienst als Feier ihres Glaubens erleben können.

Familiengottesdienste müssen somit zum einen Kinder für gottesdienstliche Formen öffnen, zum anderen so gestaltet werden, daß das Kind ganzheitlich, auch mit seiner Körperlichkeit, angesprochen wird und sich ausdrücken darf.

Dabei ist mir folgende Abgrenzung wichtig: *Tanz von Kindern im Gottesdienst ist nie gleichzusetzen mit liturgischem oder meditativem Tanz der Erwachsenen.*

Warum? Können Sie sich ein Schauspiel von Goethe vorstellen, in dem Kinder die Darsteller sind? Die notwendige Ausdruckstiefe kann ein Kind nicht erreichen. Wenn Tanz Ausdruck des Glaubens ist, dann ist der Ausdruck bei einem Kind zwangsweise anders als bei einem Erwachsenen, weil auch die Glaubenstiefe eines Erwachsenen eine andere ist, selbst, wenn die Tanzschritte dieselben sind. Welche Vorstellung hat ein Kind z. B. von der Vaterunser-Bitte: „Dein Wille geschehe"? Erwachsene, die in ihrem Leben schon manches Mal um den Inhalt dieser Aussage gekämpft haben, beten und tanzen sie sicher ganz anders als ein Kind.

Tanz darf nicht als Kindersache abgetan werden und dadurch Jugendliche und Erwachsene blockieren, ihren körperbetonten Weg des Betens zu finden und zu zeigen!

Deshalb liegt mir besonders viel an einer langsamen Einführung in die Bewegungsdimension, damit so das einzelne Kind und die ganze Gemeinde in diese Form des Betens hineinwachsen können.

Auch Kinder haben das Recht, ganzheitlich mitzufeiern. Mit Körperbewegungen zu beten führt sie zu einem intensiven Erleben und Ausdruck der Gebete und Lieder, das heißt, zu einer tieferen Begegnung mit Gott und untereinander. Letzteres wird durch die Gemeinschaft bei Reigen- und Prozessionstänzen gut spürbar. Man ist in die Gemeinschaft eingebunden, fühlt sich ihr verpflichtet und wird auch von ihr gehalten.

Tanz im Familiengottesdienst dient also dem Ziel, besser beten zu können, und soll nicht etwa nur den Bewegungsdrang der Kinder befriedigen oder einen Gottesdienst attraktiver gestalten.

Wie dieses Ziel erreicht werden kann, dazu möchte ich Erfahrungen mitteilen und Anregungen geben. Patentrezepte gibt es nicht. Die Leserin, der Leser möge die einzelnen Tanzvorschläge dieses Buches mit Blick auf die eigene Gemeinde und Gruppe auswählen und sie entsprechend anpassen; dabei helfen auch die theoretischen Ausführungen, die das Buch gibt.

Für den Einsatz von Tänzen in einer Eucharistiefeier ist es manchmal nicht leicht, die passende Auswahl und den passenden Ort zu finden, weil diese Feier an feste Abläufe und Inhalte gebunden ist (eine Übersicht über den Aufbau einer Eucharistiefeier ist in Kapitel C aufgezeigt; als Auswahlhilfe für Tänze dient die Tanzübersicht im Anhang). Fast alle Tänze lassen sich auch bei Wortgottesdiensten und anderen nicht-eucharistischen Gottesdienstformen einsetzen, ebenso im evangelischen Kindergottesdienst. Auch bei Gemeindefeiern, Gemeinschaftstagen, in der Katechese und in Kindergärten und Schulen können die Tänze Anwendung finden.

Ich möchte die Leserinnen und Leser ermutigen, sich selbst auf den Weg zu machen und zu probieren. Da es grundsätzlich schwierig ist, Tänze nach schriftlichen Anweisungen zu lernen, bin ich gern bereit, die Tänze in Seminaren zu vermitteln. Dazu meine Anschrift:

Hannelie Jestädt
Pfarrer-Jägers-Straße 8
48351 Everswinkel

11

A. **Bewegung** und Tanz im Familiengottesdienst

Begründung für leibhaftiges Beten aus der Sicht des Kindes

Viele kennen sie, die kleine sechsjährige Anna aus Fynns Buch „Hallo, Mister Gott, hier spricht Anna". Sie gibt uns Großen einen guten Einblick in eine Kinderseele. Im Hydepark sagt sie zu ihrem Begleiter Fynn:

„Blöde Wörter!" – „Welche Wörter?" – „Na, die da: ‚Rasen betreten verboten.' Immer ist alles verboten. Das schönste Gras darf man nicht haben. In der Kirche darf ich nicht tanzen, keinen Krach machen, nicht mal Mister Gott eine Geschichte erzählen. Alles verboten."
Ich dachte daran, welche Art Gottesdienst Anna wohl gefiele, vielleicht einer mit Tanz, Gesang und Kinderkrach, und ich bin sicher, daß Mister Gott so etwas gelegentlich sehr geschätzt hätte.

Anna spricht hier sicher nicht für sich allein. Versetzen wir uns einmal in die Situation eines Kindes, wenn es am Sonntagmorgen heißt: „Fertigmachen zum Kirchgang!" Das heißt: aufs Fernsehen verzichten, Spiele liegenlassen. Vielleicht ist das Spazierengehen mit Mama und Papa und Geschwistern ja noch interessant. Aber dann: Es gibt viel zu sehen, vor allem in alten Kirchen, doch da darf man nicht hin. Anfassen verboten! Umherlaufen verboten! Die Musik ist schön, aber bald wird es langweilig. Mitsingen geht nicht. Lesen und Singen gleichzeitig ist zuviel. Das Kind gibt anfängliche Versuche auf. Die Bank ist zu hoch. Will man mal darüber schauen, gibt's Krach. Und alles große Leute ringsumher. Da ist das Kind froh, wenn die Zeit vorbei ist. Und vielleicht gibt es jetzt den versprochenen Gang zur Eisdiele?
Kinder halten es nicht 40 Minuten in der Bank aus. So lange sitzen sie höchstens vor dem Fernseher still, der sie mit ständig wechselnden Bildern und neuen Effekten „bei der Stange" hält.
Was ist gefordert? Mehr „Action" im Gottesdienst? Soll man die Kinder sich im Gotteshaus frei bewegen lassen so wie im profanen Bereich?
Ich meine, nein! Das kann nicht die Lösung sein. Einige, die Familiengottesdienste vorbereiten, klagen, daß Kinder nur noch mit der Einstellung kommen: „Mal sehen, was es heute gibt!" Ist dann nicht etwas Neues, Besonderes „los", war „alles langweilig". Eine „Was-hab'-ich-davon?-Mentalität" macht sich breit.
Elternkreise bemühen sich um eine ansprechende Gestaltung, „wälzen" neue Materialien. Weder scheuen die Eltern Zeit, noch die Gemeinde Kosten. Und das Ergebnis? Ein „normaler" Gottesdienst kann fast nicht mehr gefeiert werden, ohne daß er langweilig erscheint. Die Vorbereitenden geraten unter Erfolgsdruck.

Zum anderen: Auch Kinder können lernen, daß man sich in einer Kirche anders benimmt als draußen oder zu Hause. Aber wie und warum? Bewegung hat im Gottesdienst durchaus ihren Platz. In unseren Kulturkreisen sind wir es nur nicht gewohnt, Körperbewegungen und Tanz so mit in den Gottesdienst aufzunehmen, wie es z. B. in Afrika und Asien selbstverständlich ist. Wir müssen neue Überlegungen anstellen – ohne die fremden Kulturen imitieren zu wollen –, wie wir Kinder in die Feier des Gottesdienstes ganzheitlich einbeziehen können. Kinder sollen sich mit ihren Freuden und Fragen, Hoffnungen und Sorgen vor Gott äußern können – auch mit anderen Sinnen als durchs Hören und Sprechen im Chor. Sie sollen ihr junges Leben feiern können und zudem der Zusage Gottes gewiß sein, daß er sie liebt wie ein Vater, ja mehr noch, wie eine Mutter (Johannes Paul I.), und daß Jesus ihr Leben als treuer Freund begleitet.

Besonders schön wird dies in dem Kindermutmachlied von Andreas Ebert ausgedrückt:

Wenn einer sagt: „Ich mag dich, du, ich find dich ehrlich gut“,
dann krieg ich eine Gänsehaut und auch ein bißchen Mut.
Wenn einer sagt: „Ich brauch' dich, du, ich schaff' es nicht allein“,
dann kribbelt es in meinem Bauch, ich fühl' mich nicht mehr klein.
Wenn einer sagt: „Komm, geh mit mir, zusammen sind wir was“,
dann werd' ich rot, weil ich mich freu', dann macht das Leben Spaß.
Gott sagt zu dir: „Ich hab' dich lieb und wär so gern dein Freund.
Und das, was du allein nicht schaffst, das schaffen wir vereint!“

Text: Andreas Ebert, aus: „Feiert Gott in eurer Mitte“,
Rechte: Hänssler-Verlag, Neunhausen-Stuttgart.

Jede religiöse Erfahrung baut auf menschlicher Erfahrung auf. Wenn ich weiß, was es bedeutet, daß mich jemand mag, mich braucht, bei mir sein will und mir hilft, kann ich diese Eigenschaften auf Gott übertragen.

Diese Erfahrung macht das Kind in seinem Alltag, und die Übertragung kann nicht allein ein Gottesdienst leisten, sei er noch so gut gestaltet. Da muß schon ein „Transfer“, z. B. durch die Eltern, geleistet, der Weg angebahnt sein durch Gespräche und vor allem das Gebet, damit der Gottesdienst zu einer Feier des Glaubens und zu einer Gottesbegegnung werden kann.

Dann will das Kind den Gottesdienst als Fest erleben und Gott und den anderen so gegenübertreten, wie es sich lieben Menschen gegenüber zeigt. Sein Medium ist zunächst nicht die Sprache, sondern das Tun: das Anfassen und das Sich-Bewegen. So wie Kinder ihre Welt entdecken und „be-greifen“, so müssen sie auch an den Gottesdienst herangeführt werden: indem sie etwas tun dürfen, indem sie mit ihren Gesten und Gebärden ihre Gefühle ausdrükken, wie im Alltag auch. So laufen sie z. B. den Eltern mit offenen Armen freudig entgegen, um sie zu begrüßen. Können sie nicht auch vor Gott die Arme ganz weit ausbreiten? Sie können ein Bild malen, um etwas von sich, ihren Gedanken zu verschenken, klatschen vor Freude, die Hände öffnen, wenn sie um etwas bitten. Von selbst werden Kinder lernen, daß sie in der Gemeinschaft stehen und sich in diese einfügen. Gern machen sie Gebärden anderer nach. Manchmal kann man Kleine beobachten, wie sie ganz „verstohlen" in der Kirchenbank die Gebetshaltung des Priesters imitieren. Kinder können helfen, z. B. beim Herbeibringen der Gaben und beim Zurüsten des Altars. Sie können gelegentlich etwas erzählen, z. B. im Predigtgespräch. Sie können mitsingen, und zu gegebener Zeit müssen sie auch einmal Krach machen dürfen. Genauso können sie zu anderer Zeit staunen und schweigen und hören. Zur Verdeutlichung lohnt es sich, einmal zu überlegen, welche Sinne in einer normalen Meßfeier angesprochen werden. Die Zeichnung soll das zeigen.

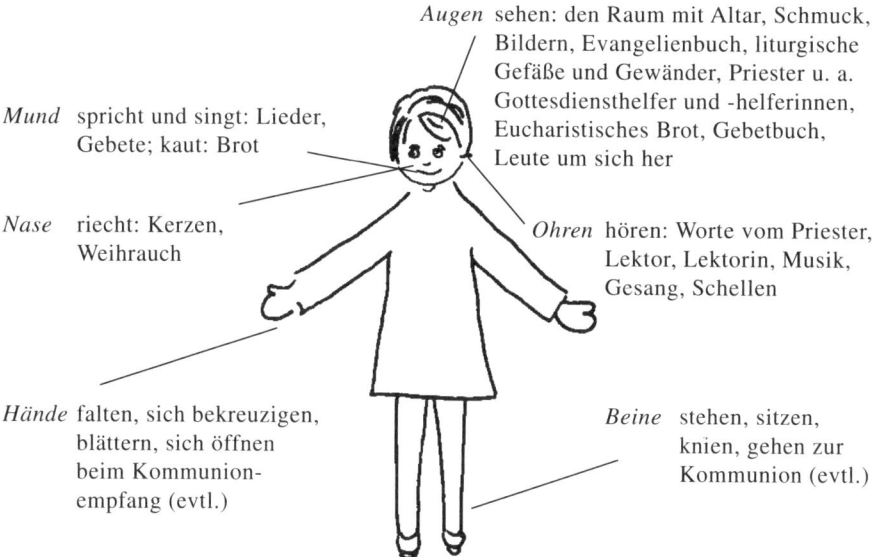

Augen sehen: den Raum mit Altar, Schmuck, Bildern, Evangelienbuch, liturgische Gefäße und Gewänder, Priester u. a. Gottesdiensthelfer und -helferinnen, Eucharistisches Brot, Gebetbuch, Leute um sich her

Mund spricht und singt: Lieder, Gebete; kaut: Brot

Nase riecht: Kerzen, Weihrauch

Ohren hören: Worte vom Priester, Lektor, Lektorin, Musik, Gesang, Schellen

Hände falten, sich bekreuzigen, blättern, sich öffnen beim Kommunionempfang (evtl.)

Beine stehen, sitzen, knien, gehen zur Kommunion (evtl.)

Die Feier des Gottesdienstes wird fast ausschließlich über den Kopf wahrgenommen. Hinzu kommt, daß sich viele obengenannte Elemente regelmäßig wiederholen und damit für das Kind eintönig werden.
Antoine de Saint-Exupéry läßt in seinem Buch „Der kleine Prinz" den Fuchs sagen: *„Man sieht nur mit dem Herzen gut. Das Wesentliche ist für die Augen unsichtbar."* Im Gottesdienst feiern wir ein Geheimnis: „Geheimnis des Glaubens". Auch das ist für die Augen unsichtbar. Wie können die Sinnesorgane helfen, das Wesen des Festes mit dem Herzen wahrzunehmen?

15

Untersuchungen haben ergeben, daß der Mensch 20% dessen behält, was er hört, 30% dessen, was er sieht. Wenn er etwas sieht und hört, sind es schon 50%. 70% behält er von dem, was er selbst sagt, und 90% dessen, was er tut. Somit ist auch in der Glaubensvermittlung das Umsetzen des Gehörten und Gesehenen in eigene Handlung unbedingt notwendig. Es gilt:

zu tun, was wir sagen,

zu tun, was wir singen,

zu tun, was wir fühlen –

es also mit Körperbewegungen zu verdeutlichen und mit dem Körper zu erfahren. Ein Beispiel: die Kindersegnung am Fest der Unschuldigen Kinder in der Weihnachtszeit. Es besteht die Möglichkeit, vor dem Schlußsegen allgemein vom Altar aus ein Segensgebet über die Kinder zu sprechen. Es ist aber auch möglich, die Kinder nach vorn kommen zu lassen, und der Priester legt jedem einzelnen die Hände auf und spricht den Segen. Diese Formen werden von dem Kind ganz unterschiedlich empfunden.

Es wirkt auf ein Kind anders, ob ich ihm vor einer großen Versammlung sage: „Ich mag dich" oder ob ich hingehe, es in die Arme nehme und an mich drücke. Handlungen sagen oft mehr aus als Worte und treffen die Seele, das Herz.

So wird vielerorts nach neuen Formen gesucht, Kinder leibhaftig Gottesdienst erfahren und leibhaftig daran teilnehmen zu lassen.

Nun wäre die Skizze von oben zu ergänzen durch das, was darüber hinaus an leibhaftiger Teilnahme möglich ist:

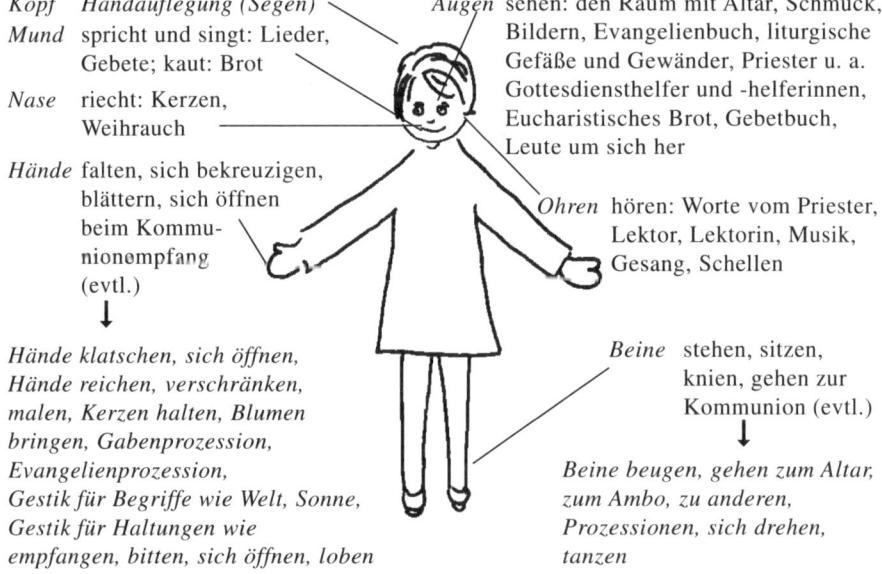

Kopf Handauflegung (Segen)

Mund spricht und singt: Lieder, Gebete; kaut: Brot

Nase riecht: Kerzen, Weihrauch

Hände falten, sich bekreuzigen, blättern, sich öffnen beim Kommunionempfang (evtl.)

↓

Hände klatschen, sich öffnen, Hände reichen, verschränken, malen, Kerzen halten, Blumen bringen, Gabenprozession, Evangelienprozession, Gestik für Begriffe wie Welt, Sonne, Gestik für Haltungen wie empfangen, bitten, sich öffnen, loben

Augen sehen: den Raum mit Altar, Schmuck, Bildern, Evangelienbuch, liturgische Gefäße und Gewänder, Priester u. a. Gottesdiensthelfer und -helferinnen, Eucharistisches Brot, Gebetbuch, Leute um sich her

Ohren hören: Worte vom Priester, Lektor, Lektorin, Musik, Gesang, Schellen

Beine stehen, sitzen, knien, gehen zur Kommunion (evtl.)

↓

Beine beugen, gehen zum Altar, zum Ambo, zu anderen, Prozessionen, sich drehen, tanzen

16

Bewegung im Gottesdienst als leibhaftiges Gebet
Vorhandene Bewegungselemente neu erschließen

Gottesdienst ist Gebet. Wenn wir uns versammeln, wollen wir Gott loben, ihm danken, uns sammeln und besinnen, unseren Alltag vor Gott bringen und neu gestärkt in die Woche gehen. Sicher ließe sich noch anderes hinzufügen. Wir stehen vor Gott, der uns durch Jesus zusammengerufen hat. Wir stehen in der Gemeinschaft vor Gott. Wie wir noch sehen werden, wird diese Gemeinschaft in vielen Tanzformen erfahrbar.

Gottesdienst hat sozusagen zwei Achsen. An der Form des Kreuzes lassen sie sich anschaulich machen.
Da ist die Horizontale: Sie zeigt auf die Menschen hier und in der weiten Welt. Im Gegensatz zum privaten Gebet zu Hause oder „im Wald" ist hier eine Gemeinschaft, ein Teil Kirche, vor Gott anwesend.
Da ist die Vertikale: Gott selbst ist anwesend durch Jesus, seinen Sohn – nicht nur durch die eucharistischen Gaben und das Wort der Bibel, sondern auch durch die Tatsache, daß sich Menschen in seinem Namen versammeln. (Denn wo zwei oder drei in meinem Namen versammelt sind, da bin ich mitten unter ihnen, Mt 18,20.)[1]

Die Gemeinde begegnet Gott, und sie ehrt ihn durch und mit und in Jesus. Diese Begegnung läßt sich mit Worten allein nicht erfassen. Sie läßt sich nicht mit dem Verstand erfassen, aber wir können uns als ganze Person auf sie einlassen durch Körperhaltung und Bewegung. Bewegung kann helfen, sich für Gottes Frohe Botschaft zu öffnen und darauf zu antworten.
Nun verfügt gerade die Eucharistiefeier über viele Bewegungsformen, Haltungen und Riten, von denen manche jedoch nicht mehr unmittelbar verständlich sind. Der erste Schritt müßte darin bestehen, diese neu bewußtzumachen und mit Leben zu füllen. Sie sollen im allgemeinen nicht vieler Erklärungen bedürfen.[2] Es muß möglich sein, einen neuen Zugang zu ihnen zu finden, sie leibhaftig erfahrbar zu machen. Aus den überlieferten Formen muß ein Inhalt, eine Botschaft sprechen. Damit sie ankommt, müssen wir die Gebetsformen neu für uns entdecken.
Wenn Zeichen, symbolische Handlungen ihre Verständlichkeit verloren haben und eben nicht mehr wortloser Ausdruck einer Botschaft oder Beziehung sind und erklärt werden müssen, sind sie keine Symbole mehr, die eine tiefere Wirklichkeit durchscheinen lassen. Sie müssen den Sinnen des Menschen neu erschlossen werden. Andernfalls verkommen sie zu inhaltslosen Riten und können gar den Zugang zum „Geheimnis" behindern. Bewegung ist ein Medium, sich diesen Inhalten neu zu nähern.

Wenn ein solcher Zugang nicht möglich ist, stellt sich die Frage, ob die Formen nicht besser durch andere ersetzt werden, die dem heutigen Empfinden der Feiernden besser entsprechen.

Als grundlegende Bewegungselemente gelten:

Das *Stehen*: Es ist die Grundhaltung des Gottesdienstes. Im Zweiten Hochgebet heißt es: „Wir danken dir, daß du uns berufen hast, vor dir zu stehen und dir zu dienen." Einmal bewußt vor Gott stehen, z. B. während des Hochgebetes oder zum Evangelium, kann erfahrbar machen: „Ich darf aufrecht stehen. Gott richtet auf." Thematisch eingebunden läßt sich diese Haltung erspüren, wenn es in der Verkündigung um das Stehen geht, z. B. bei der Erzählung von der Heilung der gekrümmten Frau.

Auch ist Stehen Ausdruck einer Wertschätzung des anderen. Parallele im Alltag: Vater telefoniert mit einem Freund, Vater telefoniert mit seinem Chef: Er nimmt jeweils eine andere Haltung ein.

Viele Redewendungen sprechen vom Stehen: standhaft sein, einen festen Standpunkt haben, feststehen im Glauben, jemandem nahestehen, jemanden verstehen, etwas durchstehen ...

Kinder können einen Baum nachempfinden, der auch dem Sturm standhält. Oder sie spielen die Sonnenblume mit festen Wurzeln (siehe Tanz Nr. 6).

Das *Gehen*, das Unterwegssein, läßt sich z. B. bei der Emmauserzählung oder der Aussendung der Jünger bewußt erleben. Die Kinder können aufgefordert werden, die Aussendung der Jünger zu spielen und wie die Jünger zu zweit oder dritt durch die Kirche zu gehen.

Die Kinder können auch zeigen, wie sie gehen, wenn sie froh oder traurig, wenn sie ratlos sind und nicht weiterwissen. Das hilft ihnen zu verstehen, wie sich Elias fühlte, als er in die Wüste ging: erschöpft, am Ende, mutlos.

Prozessionen: Liturgische Feiern verfügen über einige Bewegungen, die der Priester und die Meßdiener und Meßdienerinnen ausführen, an denen mehrere Kinder teilnehmen können, z. B. bei der Evangelienprozession, der Gabenprozession, eventuell auch bei Einzug und Auszug. Diese Prozessionen sind ein Urelement des Gottesdienstes. Die orthodoxe Kirche hat sie in ihrem Ritus noch erhalten, indem mehrfach während einer Feier der Priester und alle Altardiener mit Weihrauch durch die ganze Kirche ziehen. Solche Prozessionen machen die Gemeinschaft der Feiernden deutlich. Die „Altarschranke", das Gegenüber „Priester – Gemeinde" wird durchbrochen, und es wird ein Miteinander erlebbar. Alle Kinder könnten sich solchen Prozessionen anschließen.

Beispiel Evangelienprozession: Der Priester geht, das Evangelienbuch in den Händen, mit den Meßdienerinnen und Meßdienern durch die Kirche. Die Kinder schließen sich an. Alle versammeln sich um den Ambo, um das Evangelium zu hören. Anschließend können die Kinder zum Predigtgespräch vorn

bleiben, vielleicht können sie auch mit einem gemeinsamen Tanz auf die Frohe Botschaft antworten oder Fürbitten sprechen.

Als eine besondere Form der Prozession sei der *Kommuniongang* erwähnt. Ist in der Gemeinde ein langsames, geordnetes Schreiten zur Kommunionausteilung möglich? Auch damit wird eine innere Haltung ausgedrückt: Ich bin gerufen, eingeladen. Die Entscheidung hinzugehen liegt bei mir. Mache ich mich auf den Weg? Bin ich bereit zur Begegnung, zur Communio, das heißt zur Gemeinschaft mit Jesus und den anderen? Müßte nicht in manchen Gemeinden die Form geändert werden, damit der Inhalt, das gemeinsame Essen, besser deutlich wird? In evangelischen Gemeinden sehe ich, daß beim Abendmahl eine kleine Gruppe an den Altar tritt, gemeinsam ißt und trinkt und wieder an den Platz zurückgeht, so daß die nächste Gruppe vortreten kann.

Könnten sich Familien um den Altar, den Tisch, zum Empfang des eucharistischen Brotes versammeln? So könnten wesentliche Inhalte neu und tiefer erfahren werden.

Gebetshaltungen der Hände: Kinder und auch Erwachsene sind es kaum noch gewohnt, die Hände zu falten. Dies kann einmal bewußt getan werden: Hände zusammenlegen, ineinander legen, um zur Ruhe zu finden; gegeneinander legen, so daß sie wie ein Pfeil nach oben zeigen und die Gedanken, das Herz und was es bewegt, zu Gott lenken; ineinander verschränken als Zeichen der ganzheitlichen Anwesenheit und Sammlung, Konzentration auf die Mitte. Eine

weitere klassische christliche Gebetshaltung ist es, bei leicht geneigtem Kopf die Hände als Zeichen der Verehrung oder des Schutzes auf der Brust zu kreuzen.

Die wohl älteste Gebetshaltung der Menschen ist die „Orante", die „betende" Haltung. Im Judentum und in der heidnischen Welt war sie lange vor Christus bekannt. Auch die ersten Christinnen und Christen pflegten diese Gebetshaltung, wie frühchristliche Katakombenmalereien zeigen. Der Beter, die Beterin steht vor Gott mit weit nach oben ausgebreiteten Armen. Diese Haltung ist heute nur noch beim Priester üblich. Wer sich in sie hineinspürt, erlebt eine fast schutzlose Offenheit des Körpers: Öffnung für Gott und die anderen.

Auch erinnert diese Orantehaltung an eine Begrüßungsform, wie sie in manchen Ländern und auch hierzulande unter Freundinnen und Freunden üblich ist: Sie gehen mit offenen Armen aufeinander zu und umarmen sich. Im Gottesdienst findet sich diese Gebärde in ritueller Form beim Friedensgruß und Friedenskuß der Priester untereinander.

Kinder können diese Haltung kennenlernen, indem sie einmal bedenken, wie sie einen lieben, seltenen Besuch an der Haustür empfangen oder den Vater, wenn er nach längerer Zeit nach Hause kommt. Sicher laufen sie ihm mit offenen Armen entgegen und umarmen ihn, und er umarmt sie. Ja, er wird das Kind in die Arme nehmen und hochheben. Genauso wartet Gott auf uns. Das wollen wir zeigen und erspüren. Sprachlich wird es ausgedrückt in der Einleitung zur Präfation, dem Dankgebet, wenn der Priester der Gemeinde zuruft: „Erhebet die Herzen!"

Zunächst sollte an nur einer Stelle des Gottesdienstes diese Haltung bewußt von allen ausgeführt werden. Dazu bietet sich das Vaterunser an.

Oder der Priester begrüßt die Gemeinde: „Wir wollen uns öffnen für Gott." Alle nehmen die Orantehaltung ein. Priester: „Der Herr sei mit euch!" In der Gebetshaltung antwortet die Gemeinde: „Und mit deinem Geiste."

Zum Segensgebet fordert der Priester auf: „Wir öffnen uns für Gottes Segen, stehen fest und bewußt an unserem Platz, öffnen unsere Arme weit." Der Priester spricht das Segensgebet. Die Betenden bekreuzigen sich: „Im Namen des Vaters ..."

Damit ist das *Kreuzzeichen* erwähnt. Es eröffnet und schließt die Feier und sollte, wenigstens von Zeit zu Zeit, bewußt vollzogen werden. Über Zeichen soll nicht viel geredet werden, weil man sie sonst schnell zerredet. Wichtig ist, sie zu tun, aber langsam, ruhig, konzentriert: So sinkt ihre Aussagekraft ins Herz und bleibt nicht im Verstand haften.

Ein Hinweis zum Segen: Wenn wir um Gottes Segen bitten, wenden wir uns Gott zu und sind bereit, den Segen zu empfangen, z. B. in der Orantehaltung, in einer leichten Verneigung oder mit geöffneten Händen. Manchmal sehe ich, daß Kinder angeleitet werden, segnend die Hände auszustrecken. Das hat nur Sinn, wenn sie Gottes Segen für andere oder anderes erbitten. Sonst verkehrt es die Rollen!

Das *Knien* sei als eine weitere Gebetshaltung erwähnt: Knicks und Diener sind nicht mehr in Mode. Kinder haben in der Regel keinen Zugang zu diesen Begrüßungs- und Ehrerbietungsformen. Sie kennen sie vielleicht noch von Bildern aus Königshäusern und verstehen sie von daher als Begrüßung einer höhergestellten, wichtigen Person.

In vielen Gemeinden ist es üblich, daß Kinder beim Hochgebet um den Altar stehen. Sie können mit dem Priester zusammen nach den Einsetzungsworten über das Brot und über den Wein die Kniebeugen machen. Sie begrüßen Jesus in ihrer Mitte und spüren: Ich mach' mich klein vor ihm. Wenn Kindern eine Kniebeuge so erschlossen wird, wird es seltener passieren, daß sie an irgendeinem Ort der Kirche mit dem Blick in irgendeine Richtung (beim Herausgehen mit Blick nach hinten) eine Kniebeuge machen.

Seit dem Zweiten Vatikanischen Konzil wird die „horizontale Achse" des Gottesdienstes stärker betont. Eine Geste, bei der das deutlich wird, ist der *Friedensgruß*, der sich in fast allen Gemeinden durchgesetzt hat. Die Gemeinschaft wird sichtbar, wenn wir uns umsehen, und spürbar, wenn wir einander die Hand reichen. Dazu gibt es viele Formen, einige habe ich bei den Tänzen erwähnt.

Ich bin überzeugt, daß es weniger Klagen über „Langeweile" gibt, wenn die

Gemeinde einige Akzente des Gottesdienstes durch Körperhaltung wieder bewußt mitvollzieht, da man sich durch solche Fixpunkte immer wieder neu im Geschehen orientieren kann. Dabei ist ein bewußtes Mitmachen gefragt, nicht der Aktion wegen, aber um hier und da Gottesdienst bewußt zu erleben.

Auf eines sei hingewiesen: Bei den erwähnten und anderen möglichen Gebetshaltungen und -bewegungen besteht die Gefahr, daß sie nur äußerlich attraktiv sind. Damit sie nicht auch zu inhaltslosen Formen werden, ist es sinnvoll, sie sparsam einzusetzen. Weniger ist mehr. Wenn bestimmte Gebetsformen der Gemeinde lieb geworden sind, spricht aber nichts dagegen, sie beizubehalten. Der Forderung des Konzils nach einer aktiven, tätigen Teilnahme aller kämen wir so näher.

Man bedenke – vor der Liturgiereform hieß es: Der Priester „liest" die Messe. Die Gottesdienst-„Besucher" „hören" sie – andächtig. Dieser Hinweis soll Verständnis wecken für all die, die damit groß geworden sind und ihren Weg des Glaubens in diesen Formen finden konnten. Es ist begreiflich, daß es einigen Menschen heute schwerfällt, aus sich herauszugehen, sich umzudrehen, zum Friedensgruß den Nachbarinnen und Nachbarn die Hand zu reichen, in der Kirche zu klatschen und zu lachen oder gar sich laut zu unterhalten. Auch ihnen soll Rechnung getragen werden, das heißt, keine Form darf für alle verpflichtend gemacht werden. Nicht jede Messe soll ja zur Familienmesse werden. Schon gar nicht soll jemand sich gezwungen fühlen, seinen Gefühlen Ausdruck geben zu müssen. Aber Familiengottesdienste müssen die berechtigten Erwartungen der jüngeren Generation berücksichtigen, wenn die Glaubensweitergabe und die Hinführung von Kindern zur Liturgie gelingen sollen.

Bewegungslieder als leibhaftiges Gebet
Einige Grundlagen und Beispiele

Einige kindgemäße religiöse Lieder, die zum Teil schon fester Bestandteil von Familiengottesdiensten geworden sind, lassen sich durch Bewegungen am Platz, durch Gestik verdeutlichen. Da kann auch schon das kleine Kind oder das behinderte mitmachen, das nicht lesen kann und die Strophen nicht auswendig weiß. Vieles wird einfach nachgemacht, und die Botschaft des Liedes wird damit wahrgenommen. Die meisten Lieder müssen im Stehen getanzt werden, damit genug Raum für Bewegungen da ist.

Mit Kindern lassen sich Gesten zu den genannten Begriffen gut gemeinsam erarbeiten. Sie sollten nur für die jeweilige Gruppe einheitlich sein. Gesten, die von den Kindern selber kommen, behalten sie auch besser.

Einige Beispiele zu bekannten Liedern:

1 Du hast uns deine Welt geschenkt

1. Du hast uns deine Welt geschenkt,

   *Mit beiden Händen wird
   eine große Weltkugel vor dem
   Körper geformt.*

   den Himmel,   *Alle zeigen nach oben.*
   die Erde.   *Alle zeigen nach unten.*
   Du hast uns deine Welt geschenkt. *Siehe oben.*
   Herr, wir danken wir.   *Hände wie eine Schale
   offen vor den Körper halten.*

2. Du hast uns deine Welt geschenkt,
   die Länder,   *Arme flächig vor dem Körper
   hin- und herbewegen, „wischen".*

   die Meere.   *Mit den Händen Wellenbewegungen
   machen.*

   Du hast uns deine Welt geschenkt. *Siehe oben.*
   Herr, wir danken dir.

3. Du hast uns deine Welt geschenkt,
   die Sonne,   *Handgelenke über dem Kopf
   überkreuzen.*

   die Sterne.   *Arme schräg nach oben strecken,
   Finger spreizen.*

   Du hast uns deine Welt geschenkt. *Siehe oben.*
   Herr, wir danken dir.

4. Du hast uns deine Welt geschenkt,
   die Blumen,   *Unterarme vor dem Körper
   aneinanderlegen, mit den Händen
   einen Blütenkelch formen.*

   die Bäume.   *Arme wie Äste vom Körper
   wegstrecken.*

   Du hast uns deine Welt geschenkt. *Siehe oben.*
   Herr, wir danken dir.

5. Du hast uns deine Welt geschenkt,
   die Berge,   *Beide Hände beschreiben einen Berg.*
   die Täler,   *Beide Hände beschreiben ein Tal, die*
                                                 Linienführung ist genau entgegen-
                                                 gesetzt wie beim Berg.
   Du hast uns deine Welt geschenkt.   *Siehe oben.*
   Herr, wir danken dir.

6. Du hast uns deine Welt geschenkt,
   die Vögel,   *Handgelenke überkreuzen. Die Hände*
                                                 sind die Flügel und schwingen.
   die Fische.   *Handflächen aneinandergelegt sind ein*
                                                 Fisch, er schlängelt sich durchs Wasser.
   Du hast uns deine Welt geschenkt.   *Siehe oben.*
   Herr, wir danken dir.

7. Du hast uns deine Welt geschenkt,
   die Tiere,   *Idee eines Kindes: Ich streichel*
                                                 meinen großen Hund.
   die Menschen.   *Alle zeigen auf die anderen.*
   Du hast uns deine Welt geschenkt.   *Siehe oben.*
   Herr, wir danken dir.

8. Du hast uns deine Welt geschenkt,
   du gabst mir das Leben.   *Alle zeigen auf sich selbst.*
   Du hast uns deine Welt geschenkt.   *Siehe oben.*
   Herr, wir danken dir.

9. Du hast uns deine Welt geschenkt,
   du gabst uns das Leben.   *Alle fassen sich an.*
   Du hast uns in die Welt gestellt.
   Herr, wir danken dir.   *Alle heben die Arme hoch.*

Text: Rolf Krenzer, Musik: Detlev Jöcker,
aus: MC „Solange die Erde lebt" und „Heut ist ein Tag, an dem ich singen kann".
Abdruck mit Noten in: „Das Liederbuch zum Umhängen", Menschenkinder Verlag,
Münster. Textrechte beim Autor.

Einsatzmöglichkeiten:
– Gloria
– Zwischengesang
– Vor der Präfation
– Nach der Kommunion

2 Er hält die ganze Welt in seiner Hand

Bewegungen zu den Begriffen, zu allem, was Gott in der Hand hält, finden die Kinder schnell selbst. Siehe dazu auch Lied Nr. 1.
Hier einige Vorschläge:

1. Er hält die ganze Welt

   in seiner Hand.

   Er hält die ganze Welt
   in seiner Hand. (3mal)

   *Eine Weltkugel mit den Händen
   bezeichnen.
   Die Hände werden so gehalten,
   als ob sie den Globus trügen.*

2. Er hält die Blumen
   und die Vögel in seiner Hand. (3mal)
   Er hält die ganze Welt in seiner Hand.

   Siehe oben.

3. Er hält den Wind und Regen
   in seiner Hand.

   *Arme bewegen sich vor dem
   Körper hin und her (im Wind).
   Finger machen tröpfelnde
   Bewegungen.*

4. Er hält den Blitz

   und den Donner
   in seiner Hand.

   *Mit dem Arm eine schnelle Be-
   wegung von oben nach unten.
   Aufstampfen.*

5. Er hält das Wasser und die Fische
   in seiner Hand.

6. Er hält die Berge und die Täler
   in seiner Hand.

7. Er hält die Häuser und die Straßen
   in seiner Hand.

8. Er hält die Großen und die Kleinen
   in seiner Hand.

9. Er hält die Dicken und die Dünnen in seiner Hand.	*Arme breit auseinander halten und eng zusammen.*
10. Er hält die Lauten und die Leisen in seiner Hand.	*Ganz laut, dann ganz leise singen.*
11. Er hält den Vater und die Mutter in seiner Hand.	*Auf Erwachsene zeigen.*
12. Er hält auch dich und mich in seiner Hand.	*Aufeinander zeigen.*
13. Er hält die Menschen alle in seiner Hand.	*Einander anfassen.*

Text aus: Waltraud Schneider, Getanztes Gebet, Verlag Herder, Freiburg–Basel–Wien
⁴1991 [ausgenommen Strophe 10]. Melodie: Spiritual.

Einsatzmöglichkeiten:
- Eröffnung
- Nach der Kommunion
- Schlußlied

3 Alle Knospen springen auf

1. alle knospen springen auf fangen an zu blühen alle nächte werden hell fangen an zu glühen	*Mit Händen Blütenkelch formen, zeigen, wie sich eine Knospe öffnet. Handgelenke über dem Kopf überkreuzen. Mit den Armen einen großen Bogen beschreiben. (Licht strahlt)*
knospen blühen nächte glühen	*Bei Refrain Bewegungen entsprechend wiederholen.*
2. alle menschen auf der welt fangen an zu teilen alle wunden nah und fern fangen an zu heilen	*Die rechte Hand teilt aus der linken Hand etwas aus. Über die eigenen Arme streicheln.*

menschen teilen
wunden heilen
knospen blühen
nächte glühen

Siehe oben.

3. alle augen springen auf
   fangen an zu sehen
   alle lahmen stehen auf
   fangen an zu gehen

   *Hände vor die Augen halten
   und wieder wegnehmen.
   Auf der Stelle laufen.*

   augen sehen
   lahme gehen
   menschen teilen
   wunden heilen
   knospen blühen
   nächte glühen

   Siehe oben.

4. alle stummen hier und da
   fangen an zu grüßen
   alle mauern tot und hart
   werden weich und fließen

   Einander zuwinken.

   *Hände auf die Schultern der Nachbarn
   legen und sich leicht seitlich bewegen.*

   stumme grüßen
   mauern fließen
   augen sehen
   lahme gehen
   menschen teilen
   wunden heilen
   knospen blühen
   nächte glühen

   Siehe oben.

alle knospen springen auf
fangen an zu blühen

*Aus: Wilhelm Willms, meine schritte kreisen um die mitte. neues lied im alten land,
Verlag Butzon & Bercker, Kevelaer 1984, S. 146 f.*

<u>Einsatzmöglichkeiten:</u>
- Eröffnung
- Eventuell als Zwischengesang (z. B. bei Heilungsberichten)
- Nach der Kommunion
- Schlußlied

Der Unterschied zwischen einem Lied, dessen Begriffe durch Gestik angezeigt werden, und einem Lied, dessen Aussage durch liturgischen Tanz verinnerlicht wird, kann aus den verschiedenen Sing- und Bewegungsvariationen
des folgenden, recht bekannten Liedes ungefähr erspürt werden.

4 Gottes Liebe ist so wunderbar

1. Variation:

Refrain.
2. So breit, man kann nicht um sie gehn,
   so breit, man kann nicht um sie gehn,
   so breit, man kann nicht um sie gehn,
   so wunderbar.

Refrain.
3. So tief, man kann nicht druntersehn,
   so tief, man kann nicht druntersehn,
   so tief, man kann nicht druntersehn,
   so wunderbar.

Refrain.
4. So hoch, man kann nicht drübersehn,
   so breit, man kann nicht um sie gehn,
   so tief, man kann nicht druntersehn,
   so wunderbar.

Text: Mündlich überliefert,
Musik: Spiritual „Rock my soul".

<u>Bewegungen:</u>

Zum Refrain: *Bei „wunderbar" beschreiben*
                 alle mit beiden Armen
                 einen großen Kreis.

1. Strophe: *Alle recken sich in die Höhe,*
                 bei „wunderbar" wird wieder
                 ein Kreis beschrieben.

2. Strophe: *Die Arme aller zeigen*
                 nach rechts und links.
                 Wir machen uns ganz breit!
                 Bei „wunderbar" wie oben.

3. Strophe: *Alle beugen sich mit*
                 den Händen herunter,
                 wenn es geht bis auf
                 den Boden.
                 Bei „wunderbar" wie oben.

4. Strophe: *Die Bewegungen der Strophen 1–3*
                 werden jetzt nacheinander ausgeführt.

2. Variation:

Strophe

Got - tes Lie - be ist so wun - der - bar, Got - tes Lie - be

ist so wun - der - bar, Got - tes Lie - be ist so wun - der - bar,

Refrain

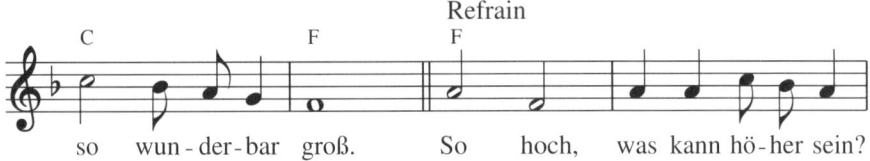

so wun - der - bar groß. So hoch, was kann hö - her sein?

So tief, was kann tie - fer sein? So weit,

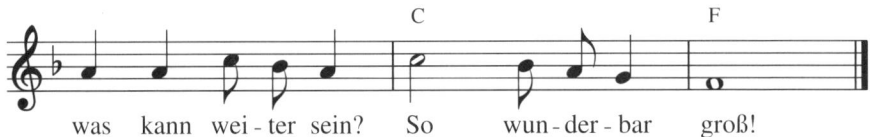

was kann wei - ter sein? So wun - der - bar groß!

2. Gottes Güte ist so wunderbar …

3. Gottes Treue ist so wunderbar …

4. Gottes Gnade ist so wunderbar …

5. Gottes Reichtum ist so wunderbar …

Bewegung:

Wie bei der 1. Variation wird zu „wunderbar" bzw. „wunderbar groß" ein großer Kreis beschrieben.
Bei „hoch" in die Höhe recken.

Bei „tief" nach unten beugen.
Bei „weit" Arme zu den Seiten ausstrecken.
Bei „wunderbar" wie oben.

Der Vergleich beider Lieder macht (nach meinen Erfahrungen mit einigen Gruppen und in verschiedenen Gemeinden) deutlich:
Kinder lieben die 1. Variation. Die Bewegungsfolge ist einfacher und vor allen Dingen langsamer. Das Kind kann in die Haltung „so hoch" richtig hineinwachsen. Auch die Ausdehnung zur Seite in der 3. Strophe wird immer intensiver. Die Größe der Liebe Gottes wird während 6 Strophen empfunden und langsam aufgebaut.
Die 2. Variation gleicht da – pardon! – eher einer gymnastischen Übung. Der Wechsel geht viel zu schnell, als daß er von innen mitvollzogen werden könnte. Die Kinder sind damit beschäftigt zu überlegen, welche Bewegung als nächste kommt, haben sie etwas verpaßt, fallen sie aus dem gemeinschaftlichen Tun heraus.
Der Text zählt mehrere Eigenschaften Gottes als wunderbar groß auf. Über diese Eigenschaften wie Liebe, Güte, Treue wird aber nicht weiter nachgedacht.
Im Sinne des Tanzens als Gebet – verinnerlichend, also meditativ – ziehe ich die 1. Variation vor.

Das Vaterunser

Das schönste und wichtigste Gebet, das wir Christen kennen, ist sicher das Vaterunser. Es war zugleich eines der ersten Gebete, das mit Unterstützung von Gestik gebetet wurde.
Für Erwachsene wäre es eine lohnenswerte Aufgabe, dieses Gebet einmal als Tanz zu erarbeiten. Das hieße, den Inhalt aufnehmen, beobachten, wie ich gefühlsmäßig darauf reagiere. Ich begebe mich in eine passende Körperhaltung, in der ich ganzheitlich nachempfinden kann, was ich bete.
„Vater unser" – wenn Gott mein Vater ist, was bedeutet das für mich? Wie stehe ich dann vor ihm?
Das ist nicht gleich(bedeutend) dem, was ein Vaterunser mit Bewegungen, mit Gestik ausdrückt. Doch ist das Beten mit Gesten eine erste Möglichkeit, konzentriert das Gebet wahrzunehmen, es ganzheitlich aufzunehmen und sich dann hineinzubegeben. Voraussetzungen, daß dieser Weg gelingen kann:
– *Wenige Bewegungen:* erst eine Haltung allgemein einführen, eine Gebetshaltung, die die ganze Zeit gehalten werden kann, z. B. die Orantehaltung. Danach kann die Haltung der offenen Hände für die Bitten hinzukommen, oder erst das Zeichen des Lobens, die zum Himmel gestreckten Hände usw.

– *Sinnvolle Bewegungen:* Kinder selbst haben das beste Gespür für echte Haltungen.

Wenn es um den Gemeinschaftscharakter geht („wie auch wir vergeben ..."), dann müssen wir auch einander anschauen und nicht nur mit den Händen irgendwohin zeigen. Daraus ergibt sich eine weitere Bedingung.

– *Wir haben Zeit:* langsam singen bzw. beim Sprechen zwischen den Versen soviel Zeit lassen, daß jeder innerlich den Text für sich noch einmal wiederholen kann.

Die konkrete Gestik kann die Gruppe am besten zuvor selbst entwickeln. Dann kann eine bzw. einer die Bewegungen vormachen, die anderen machen sie ihr, ihm nach. Es gibt genügend Zeit, sich in die Haltung hineinzuspüren.

Hier nur ein Beispiel:

5 Vater unser

Vater unser im Himmel,	*Orantehaltung* *(ich wende mich Gott zu).*	
geheiligt werde dein Name.	*Arme und Blick gehen* *nach oben.*	
Dein Reich komme.	*Arme von oben* *nach unten führen,*	
Dein Wille geschehe,	*verneigen.*	
wie im Himmel	*Einen Arm und den Blick* *nach oben.*	
so auf Erden.	*Arme halten, Blick zur Erde.*	
Unser tägliches Brot gib uns heute.	*Hände offen, bittend vor* *den Körper halten.*	
Und vergib uns unsere Schuld,	*Hände überkreuzt auf die* *Brust legen und verneigen* *(es tut uns leid).*	

wie auch wir vergeben unsern Schuldigern.	*Den anderen zuwenden, anschauen, anfassen.*	
Und führe uns nicht in Versuchung,	*Angefaßt verneigen, Hände zeigen nach unten.*	
sondern erlöse uns von dem Bösen.	*Hände angefaßt über vorn nach oben führen.*	
Denn dein ist das Reich und die Kraft und die Herrlichkeit in Ewigkeit.	*Hände fest drücken*	
Amen.	*und langsam herunternehmen.*	

Die Gebärden sind zum langsam gesprochenen Gebet möglich wie auch zu Vertonungen des Vaterunsers, gleich ob nach dem Gotteslob oder in moderner Fassung.

B. Bewegung und **Tanz** im Familiengottesdienst

Tanz als leibhaftiges Gebet
Vom Wort, Lied, Tanz und Psalm

Gottesdienst ist Gebet, Gebet in Gemeinschaft. Er ist aber auch Feier des Glaubens und der Glaubensgemeinschaft: Feier der Begegnung mit Gott und miteinander.

Wenn wir ein Fest feiern, singen wir gern. Singen stiftet Gemeinschaft und zeigt die Stimmung an. Gefühle schwingen beim Gesang mit, werden ausgedrückt und auch beeinflußt. Gesang vermag manchmal mehr auszudrücken als Worte.

Ein Sprichwort sagt: „Wer singt, betet doppelt." Dasselbe kommt auch im folgenden Lied aus dem Gotteslob, Nr. 270, zum Ausdruck:

Kommt herbei, singt dem Herrn,
ruft ihm zu, der uns befreit.
Singend laßt uns vor ihn treten,
mehr als Worte sagt ein Lied.

Wie ist es aber, wenn bei einer rein weltlichen Feier getanzt wird? Dann drükken die Tanzenden das, was sie bewegt, zusätzlich zu Sprache und Musik mit ihrem Körper aus. Ja, manchmal ist Sprache nicht nötig, weil auch die Musik eine Botschaft enthält, die mit dem Tanz verschmelzen kann. Oder es werden gar Empfindungen nur in tänzerischer Bewegung ausgedrückt, zum Beispiel bei einer Pantomime.

Daß wir mit dem Körper „reden" ist alltäglich, wir machen es uns nur zu wenig bewußt. Es lohnt, mit Kindern einmal zu überlegen, wie Stimmungen oder Aussagen durch den Körper mitteilbar, an ihm ablesbar sind, wie Haltungen die Atmosphäre beeinflussen.

Was heißt nun *Tanz als leibhaftiges Gebet?* Dem Lied „Kommt herbei" liegt der Psalm 95 zugrunde. Die Psalmen sind Gebete, die vor 3000 Jahren im Volk Israel entstanden sind. Noch heute werden sie im Gottesdienst gebetet und gesungen. Ursprünglich waren es Lieder, zu denen auch getanzt wurde. Ob wir den Text ändern könnten?

Kommt herbei, singt dem Herrn,
ruft ihm zu, der uns befreit.
Tanzend laßt uns vor ihn treten,
mehr als Lieder sagt ein Tanz.

Wird nicht mit der Wendung „vor ihn treten" schon eine Bewegung, ein Tanz ausgedrückt?

Im Psalm 95 heißt es (95,2): „Laßt uns mit Lob seinem Angesicht nahen, vor ihm jauchzen mit Liedern!"; und im Vers 6 heißt es: „Kommt, laßt uns niederfallen, uns vor ihm verneigen, laßt uns niederknien vor dem Herrn, unserem Schöpfer!" Verneigen und Niederknien sind leibhaftiges Gebet, Beten mit dem Körper, für das man keine Worte braucht.

Wer im Gottesdienst von Gottes Wort berührt wird, empfindet etwas, das er ausdrücken möchte. Das kann in einem gemeinsam gesprochenen Gebet geschehen, auch in einem Lied. Intensiver wird es aber, wenn außerdem oder ausschließlich der Körper durch Gesten und Bewegung, eben durch Tanz, diese innere Haltung zeigt.

Tanzen verstanden als Beten vor Gott wird als liturgischer Tanz bezeichnet. Dabei ist es gleich, ob dies am Platz geschieht mit einer einfachen Geste oder im fröhlichen Reigen, ob in Form einer Prozession des Priesters mit den Meßdienerinnen und Meßdienern oder als der Gang einiger Kinder mit Brot und Wein zum Altar bei der Gabenbereitung oder ob der Gang zur Kommunion gemeint ist.

Liturgischer Tanz hat seinen Platz vornehmlich in der Liturgie, ist aber genauso einsetzbar, wenn eine Gruppe sich zur Sakramentenkatechese trifft, bei Festen der Gemeinde, in der Schule und überall da, wo auch die Lieder dieses Buches gesungen werden. Ich spreche dann lieber vom *religiösen Tanz.*

Weil durch diese Form des Betens tiefere Schichten im Menschen angesprochen werden, wird auch vom *meditativen Tanz* gesprochen. Besonderes Merkmal ist, daß einfache, immer wiederkehrende Bewegungen helfen, zur Ruhe zu kommen, sich selbst und seine Mitte zu finden. Die Bewegungen sind so verinnerlicht, daß sie nicht mehr vom Kopf gesteuert werden müssen, sondern wirklich von innen kommen. Das erfährt zunächst die Tänzerin, der Tänzer, dann aber auch die Betrachtenden, wenn sie sich so darauf einlassen können, daß sie innerlich mitschwingen.

Auch kann *Verkündigung durch Tanz* geschehen, wenn biblische Texte so in Bewegungen dargestellt werden, daß sie eine Aussage vermitteln. Dabei geht es im Grunde um die Darstellung von Empfindungen und nicht vornehmlich um das Übermitteln eines Handlungsablaufs.

Das letztere ist der Fall, wenn Kinder das Wachsen und Reifen eines Weizenkorns darstellen, wie es gelegentlich geschieht (z. B. zum Erntedank). Ein Naturgeschehen wird deutlich, nicht automatisch ist davon aber der Glaube der Tanzenden berührt.

Beim folgenden Tanz empfinden Kinder das Wachsen einer Sonnenblume nach. In der entsprechenden Körperhaltung können sie gut den Vergleich zu ihrem Glauben ziehen, wie es der Text vorgibt. Dadurch wird der Tanz zu ihrem Glaubensausdruck und Gebet, also liturgischer Tanz.

6   Eine Sonnenblume

1. Ei - ne Son - nen - blu - me   war ein klei - nes Korn,
oh - ne treu - e Pfle - ge   wär sie fast ver - lorn.
Manch - mal ist mein Glau - be   win - zig wie ein Keim.
Laß mich mit dir wach - sen,   laß mich nicht al - lein,
laß mich nicht al - lein.

Flöte: Vorspiel + Zwischenspiel + Nachspiel

2. Eine Sonnenblume ist schön anzusehn,
   ohne starke Wurzeln könnte sie nicht stehn.
   Glaube ohne Wurzeln hält nicht lange stand.
   I: Führ mich zu den Quellen, gib mir festen Halt. :I

3. Eine Sonnenblume ist ein Bild für mich,
mit dem Lauf der Sonne dreht die Blüte sich.
Hat mein Glaube Wärme, strahlt auch mein Gesicht.
|: Gib mir deine Nähe, schenke mir dein Licht. :|

Text und Musik: Ulrich Walters,
Rechte beim Autor.

. . . . .
. . . . . **einzeln zu tanzen**

<u>Alter:</u> Unbegrenzt

<u>Anzahl:</u> Möglichst viele Kinder und auch Erwachsene

<u>Ausgangsposition:</u>
Einzeln im Raum oder im Altarraum oder lose als Kreis formiert. Alle hocken eine gewisse Zeit zusammengekauert am Boden, sehen nichts, hören nichts – wie das Samenkorn. Es ist dunkel, wie in der Erde, aber auch schön warm. Sie schlafen. (Ein Erzähler schafft diese meditative Situation.)

<u>Bewegung:</u>

1. Eine Sonnenblume war ein kleines Korn, ohne treue Pflege wär sie fast verlorn. Manchmal ist mein Glaube winzig wie ein Keim.	*Alle bleiben zusammengekauert hocken.*
|: Laß mich mit dir wachsen, laß mich nicht allein. :|	*Alle werden wach und richten sich gemeinsam auf.*
2. Eine Sonnenblume ist schön anzusehn, ohne starke Wurzeln könnte sie nicht stehn. Glaube ohne Wurzeln hält nicht lange stand.	*Alle konzentrieren sich auf einen festen Stand auf dem Boden, lassen „Wurzeln wachsen".*
|: Führ mich zu den Quellen, gib mir festen Halt. :|	*Alle können sich ein wenig hin und her wiegen, um festzustellen, ob der Bodenkontakt fest genug ist.*

38

3. Eine Sonnenblume ist ein Bild für mich, *Alle drehen sich*
mit dem Lauf der Sonne dreht die Blüte sich. *nach rechts und*
Hat mein Glaube Wärme, strahlt auch mein Gesicht. *links, sehen die*
anderen an und
lächeln.

I: Gib mir deine Nähe, *Alle schauen dort-*
schenke mir dein Licht. :I *hin, wo Gott im*
Sakrament oder
symbolisch anwe-
send ist, z. B. zur
Mitte des Kreises,
zur Kerze, zum
Altar oder nach
oben. Es muß vor-
her vereinbar sein.
Die Hände werden
offen (empfangend)
in die Richtung
gehalten, in die die
Tanzenden schauen,
und stellen die
Blätter dar.

Die Schlußposition der Tanzenden ist ein gefestigtes, gesammeltes, ge-
öffnetes Stehen.

Bedeutung:
Durch das Erleben der Sonnenblume wird die Übertragung auf den einzel-
nen, die einzelne und seinen, ihren Glauben erspürt. Der feste Stand, den
Gott gibt, der Blick zur Seite, die Sendung, die Wärme und Kraftquelle in
Gott – was damit letztlich ausgesagt werden soll, läßt sich auch in Worten
nicht vermitteln, vielleicht weniger als in Lied und Tanz.

Einsatzmöglichkeiten:
Der Tanz führt zur Ruhe und inneren Sammlung. Es ließe sich jetzt gut ein
Gebet sprechen, z. B. das Vaterunser. Es ist auch möglich, ein Gebet zu hö-
ren, das in dieser offenen, Gott zugewandten Haltung aufgenommen wird.
Der Tanz eignet sich auch als Vorbereitung auf den Kommunionempfang.
Auch außerhalb von Eucharistiefeiern kann er seinen Platz finden, sowohl in

einer eucharistischen Andacht, um die Monstranz getanzt, als auch in Wortgottesdiensten oder vor einer Gruppenstunde zur Vorbereitung auf die Erstkommunion.

Zu beachten:
– Entweder kennen die Tanzenden den Text schon auswendig, oder andere
(Chor oder Gemeinde) singen den Text, damit sich die Tanzenden ganz auf
die Bewegungen konzentrieren können.
– Die Bewegungsabfolge muß den Tanzenden zuvor gut bekannt sein oder
vor jeder Strophe angesagt werden.
– Gut ist es, wenn ein „sicherer" Tänzer, Tänzerin die Bewegungen als
Orientierungsperson mitmacht.

7 Die Emmausjünger
Ein Beispiel für Verkündigung durch Tanz

Alter: Grundschule

Anzahl: Ein Erzähler bzw. eine Erzählerin, einige Musizierende und 3 Tanzende: Jesus und 2 Jünger

Material: Orff-Instrumente: dunkelklingende, z. B. Holzblocktrommel, Klang-
stäbe, Handtrommel oder Trommel, Xylophon; hellklingende, z. B. Triangel,
Glockenspiel, Rasseln, Fingerzimbel, Kinderleier.

Eines der Instrumente wird immer dann eingesetzt, wenn Jesus agiert; dies
könnte die Leier sein. Die dunklen Instrumente (Xylophon) kennzeichnen
die traurige Phase des Tanzes, die hellklingenden (Glockenspiel) die Freuden-
phase. Jeder Spieler, jede Spielerin hält mit seinem, ihrem Instrument einen
eigenen Rhythmus im 4/4-Takt. Z. B. die Trommel: | 1 2 3 4 |. Die Klang-
stäbe: | 1 2 + 3 4 |. Das Xylophon spielt einen Dreiklang, z. B.: C, E, G, E, im
Rhythmus | 1 2 3 4 |. Auch die hellen Instrumente spielen je einen Rhythmus.

Ablauf:
Erzähler, Erzählerin (zu dunkler Musik):
(Text nach Lk 24,13–35)

Zwei Freunde von Jesus
wandern nach dem Dorf
Emmaus. Sie sind sehr traurig.
Sie sprechen darüber, daß
Jesus gestorben ist.

– *dunkle Musik* –

2 Tanzende (Jünger) gehen im Rhythmus
nebeneinander als Paar linksherum auf
der Kreislinie, ohne sich anzufassen. Sie
lassen den Kopf mutlos hängen.

Da kommt Jesus und geht
mit ihnen. Sie erkennen
ihn aber nicht.

Ein dritter Tänzer, „Jesus", geht von
hinten zwischen die beiden anderen und
geht mit ihnen weiter.

– dunkle Musik, mit Leier –

Der Fremde erklärt ihnen:
Jesus mußte sterben und
auferstehen. Die Menschen
sollen sehen: Gott hat uns lieb.

Jesus legt seine Hände
auf die äußeren Schultern
der beiden Jünger.
Die Jünger geben sich
hinter Jesus die Hände.
Alle gehen weiter.

– dunkle Musik mit Leier,
ein weiteres helles Instrument
spielt zaghaft mit, z. B.
Triangel auf | 1 2 3 4 | –

Sie kommen nach Emmaus.
Die Männer bitten Jesus:
Bleib bei uns zum Essen.
Jesus geht mit ihnen ins Haus.

Alle drei bleiben stehen und
bilden ein Haus: Kreis, Front
zur Kreismitte, Arme hochhe-
ben, Handinnenflächen zeigen
nach außen und berühren die
Handflächen der Nebenstehenden.

– dunkle Musik, Leier,
Triangel und Glockenspiel –

Jesus betet vor dem Essen.
Dann nimmt er das Brot und
gibt es den beiden.
Jetzt merken sie: Es ist Jesus!

Alle bilden einen zur Gemeinde
hin geöffneten Halbkreis mit
Jesus in der Mitte. Sie halten
die Hände wie Schalen vor
sich. Jesus legt seine Hände
in die geöffneten Hände der
Jünger.

– helle Musik mit Leier,
die dunkle Musik verstummt –

Plötzlich ist Jesus nicht mehr da.

Jesus geht nach hinten weg.

– helle Musik, die Leier
verstummt –

Die Männer gehen zurück nach Jerusalem, um den anderen Freunden die frohe Nachricht zu erzählen: Jesus lebt!

Die Jünger laufen als Paar angefaßt rechtsherum auf der Kreislinie: 3 Gehschritte, auf 4 ein Hüpfer ohne Beinwechsel: | re-li-re-re | li-re-li-li |.

– helle Musik, dabei spielt das Glockenspiel Achtelnoten:
| C C E E G G E E | –

Zur Einleitung des Tanzes eignet sich das Gemeindelied mit Bewegungen am Platz: „Das wünsch ich sehr" (Nr. 20). An die Verkündigung kann sich der Tanz einer größeren Gruppe anschließen, z. B. zur Instrumentalmusik die Schrittfolge von „Hevenu shalom alejchem" (siehe Nr. 35) oder der Tanz „Wir wollen alle fröhlich sein" (Nr. 44) oder der Kanon-Tanz: „Ich bin bei euch" (Nr. 43) oder das getanzte „Halleluja", zweistimmig (Nr. 30).
Die Leier kann während des Hochgebets anstelle von Schellen erklingen und auf die Anwesenheit Jesu hinweisen.

Schwierigkeiten und methodische Hilfen

Bevor weitere Tänze beschrieben werden, sollen die Vorbedingungen erwähnt werden.

1. Der Kirchenraum

Nicht immer ist der Raum für Tänze geeignet. Vor allem alte Kirchen mit einer stark erhöhten Altarinsel bringen durch die vielen Stufen Schwierigkeiten mit sich. Auch ist der Platz um den Altar manchmal so begrenzt, daß einige Tänze nicht möglich sind, ohne Verletzungsrisiken einzugehen oder auf eine gute Aussagekraft des Tanzes zu verzichten. Dann wird dieser Tanz entweder fortgelassen, oder er wird „angepaßt". Eine Anpassung ist bei sehr vielen Formen möglich. Mit der Zeit werden alle, die sich einmal auf Tanz im Gottesdienst einlassen, selbst Ideen entwickeln können.

Die Sicht: Wenn eine Gruppe im Gottesdienst „vortanzt", ist es wichtig, vorher im Kirchenraum zu proben und dabei von verschiedenen Stellen der Kirche aus die Bewegungen zu betrachten. Kommt die Botschaft des Tanzes zum Ausdruck? Manchmal ist die Sicht zu den Tanzenden durch den Altar oder Säulen versperrt. Ein Beispiel: In einem Tanz gab es als Gebetshaltung eine Kniebeuge. Getanzt wurde hinter dem Altar. Dieser versperrte von vielen Orten aus die Sicht. Das hatte zur Folge, daß bei der Kniebeuge die Tanzenden – dem Zuschauer unverständlich – „verschwanden", und plötzlich „tauchten" sie wieder auf. Es war leicht, die Anbetungs- in eine Lobgeste umzuwandeln. Die Tanzenden streckten sich jetzt zum Himmel.

Stufen können sinnvoll sein, wenn Bewegungen am Platz getanzt werden und Kinder sich auf den Stufen aufstellen: alle werden gut gesehen. Kreistänze über Stufen sind gefährlich. Oft läßt sich das Weitergehen auf der Kreislinie dann durch eine Drehung am Platz ersetzen (vgl. den Tanz: „Wenn ich singe", Nr. 19).

Statt eines großen Kreises im Altarraum kann bei vielen Tänzen ein Halbkreis oder Bogen gebildet werden. Es können auch mehrere kleine Kreise in der Kirche verteilt tanzen.

Bei einem Kanon können statt Innen- und Außenkreis zwei oder mehrere verschiedene Kreise in der Kirche tanzen.

2. Die Gemeinde

Tanz darf nicht erzwungen werden! Er ist keine Vorführung, sondern Teil der Liturgie und soll in sie eingebunden sein. Er hat eine Funktion. Daher ist es notwendig, daß der Gottesdienstleiter den Tanz akzeptiert. Schön ist es, wenn er sich – je nach Tanzform – daran beteiligt. Doch auch eine Zurückhaltung des Priesters muß nicht bedeuten, daß Kindern die Chance verwehrt wird, Tanz als ihre Form des Gebetes zu erleben.

Niemals sollte man eine Gemeinde mit einem Tanz „überrumpeln"! Tanz muß *angekündigt* werden. Sein Inhalt, wenn er nicht ganz offensichtlich oder gut bekannt ist, sollte zuvor erwähnt werden. Nur so können sich die Betrachtenden innerlich anrühren lassen und „mitbeten".

Beispiel (im Advent): „Wie die Frauen, von denen wir im Evangelium gehört haben, mit ihren Öllampen dem Bräutigam entgegengingen, so wollen auch wir Jesus entgegengehen, dessen Ankunft wir erwarten. Wir singen alle das Lied: Mache dich auf und werde Licht. Einige Kinder verdeutlichen dabei diese Haltung mit einem Lichtertanz."

Beispiel (Osterzeit): „Anstelle einer Ansprache zeigen uns Kinder mit einem Tanz, was mit den Emmausjüngern passiert ist. Vielleicht gelingt es uns, uns mit den Kindern in die Situation der Jünger hineinzuversetzen. Vielleicht entdecken wir dabei auch Situationen aus unserem Leben, in denen wir uns ähnlich fühlten."

Soweit möglich sollte man immer die *Gemeinde teilnehmen lassen.* Sie kann adäquate Gesten mitmachen, z. B. Teile der Choreographie (Vorschläge bei den Tänzen). Wertvoll ist es, wenn sie das getanzte Lied mitsingt.

Beispiel: Kanon „Lobet und preiset ihr Völker den Herrn". Beim 3. Teil erheben alle mit den Tanzenden ihrer Kanongruppe die Arme.

Um einem Vorführcharakter mit Zuschauern entgegenzuwirken und Hemmschwellen gering zu halten, ist es gut, *zunächst die Gemeindebewegungen* bekanntzumachen und zu tanzen, dann an einem späteren Sonntag eine Tänzergruppe dazuzunehmen. Wenn die Feiernden einmal motiviert waren, z. B. die Arme zu erheben, machen sie es auch bei einer vortanzenden Gruppe leichter mit. Die Bewegungen der Tanzgruppe wachsen dann sozusagen aus den Gemeindebewegungen heraus, sind Teil der Gemeinde.

Nie sollte man mehr als einen Tanz neu in einen Gottesdienst aufnehmen, sondern besser einen Tanz *über mehrere Sonntage* langsam einführen.

Beispiel: Das Vaterunser

1. Schritt: Bewußt irgendeine Gebetshaltung einnehmen lassen, z. B. Hände falten oder zusammenlegen. Der Priester kann seine Haltung (Orante) erklären und die Gemeinde einladen, diese Haltung mit zu übernehmen.

2. Schritt: Das Vaterunser enthält viele Bitten. Alle sprechen den 1. Teil des Gebetes in der Orantehaltung, einen weiteren Teil, indem sie die Hände bittend zu einer Schale formen (vielleicht ab: „Unser tägliches Brot …").

3. Schritt: Ergänzen mit Lobgeste zu „geheiligt werde dein Name" und „Denn dein ist das Reich …".

Wenn Gesten wirklich von innen kommen, eine Haltung ausdrücken sollen, muß auch Zeit gelassen werden, damit sie sich setzen können.

44

Keine hektischen Bewegungsfolgen, lieber wenige und einfache. Zu leicht wird sonst eine gymnastische Übung aus dem Tanz.

Man sollte langsam sprechen, wenn zu Gebeten Bewegung erfolgt. Jeder Satz muß im Innern noch einmal gesprochen werden können.

Tanz im Gottesdienst braucht *nicht perfekt zu sein*. So wie alle gemeinsam singen, mehr oder weniger harmonisch, aber alle so, wie sie es können, so können sich auch alle miteinander bewegen.

Tanz im Gottesdienst – auch in der Familienmesse – soll *nicht auf Kinder beschränkt* sein. Miteinander zu tanzen ist so schön wie miteinander zu singen und miteinander zu beten. Abgesehen davon, daß sich Kinder sicherer fühlen, wenn auch Erwachsene mittun, ist es ein schönes Zeichen von Gemeinschaft, wenn alle Generationen miteinander tanzen. Das ist – außer bei den Tänzen, die eine einheitliche Körpergröße erfordern („Der Himmel geht über allen auf" und „Halte zu mir, guter Gott") – fast immer möglich.

3. Die Lieder

Den Tanzenden müssen die zu tanzenden *Lieder gut bekannt* sein. Sie müssen verinnerlicht sein, damit sie sich im Tanz ausdrücken lassen.

Bewegungsgesten lassen sich am besten *von Kindern selbst entwickeln*. Dann sind sie „echt". Die Kinder behalten sie auch besser (Hinweis: „Wenn ihr stumm wäret, oder ein Tauber müßte euch verstehen – wie würdet ihr euch mitteilen?"). Wenigstens muß den Kindern der gedachte Aussagegehalt ihrer Bewegungen deutlich gemacht werden.

4. Die Kinder

Kinder sprechen auf den *Begriff* „Tanz" unterschiedlich an und zeigen manchmal Hemmungen. Profane Tanzerfahrungen sind aber etwas anderes. Besser ist es, von *„Beten mit dem Körper"* zu sprechen.

Auch Jungen machen gern bei Tänzen mit. Sie beobachten zunächst sehr genau die Reaktionen der anderen. Keiner will sich lächerlich machen. Gefühle zeigen, tanzen – dazu braucht man ein gesichertes Umfeld.

Tanz ist eine große Chance für alle Kinder, sich in den Gottesdienst einzubringen, auch für die, die *Sprachhemmungen* haben oder *Leseschwierigkeiten*. Selbst *Behinderte* machen hier gern mit.

Menschen *jeden Alters* können liturgisch tanzen. Bei kleinen Kindern oder Behinderten müssen die Tanzschritte vereinfacht werden.

Vor einem Tanz sollten die Teilnehmenden *ruhig werden*, damit das Herz angerührt werden kann. Wenn eine Gruppe vortanzt, soll sie in Ruhe, gesammelt, ihren Platz aufsuchen und dort einen kurzen Moment still stehen. Ebenso muß ein Tanz nachklingen. Nicht sofort die Hände herunterfallen lassen und zurückgehen! Hinweg und Rückweg gehören mit zum Tanz.

5. Der Kanon

Zum Einüben: Zuerst das Lied im Kanon ohne Tanz üben. Dann die Schritte zeigen und üben. Hilfreich ist ein kräftiger Gesang oder rhythmische Unterstützung durch Musik, Gemeindegesang oder Tonkassette.

Zum Beenden: Es ist schwer, einen getanzten Kanon so abzuwinken, daß es alle sehen. Daher empfiehlt es sich, entweder Absprache mit der Musik zu treffen, z. B.: fünfmal spielen, kurz vor dem Schluß verzögern! Oder es wird abgesprochen: Jede Stimme tanzt fünfmal hintereinander und bleibt dann stehen. Alle Stimmen enden dabei so versetzt, wie sie auch zu tanzen begonnen haben.

Drei Arten von Aufstellungen:

– Je Stimme ein Kreis. Aufstellung entweder als Innen- und Außenkreis, beim Tanzen beginnt der Innenkreis, oder mehrere Kreise werden in der Kirche verteilt (z. B. „Laßt uns miteinander").

– Aufstellung im Block (Beispiel „Danket, danket dem Herrn"), 2 Reihen oder 4 Blöcke stehen einander gegenüber und beginnen nacheinander.

– Abzählen im Kreis (1,2,1,2 ... oder 1,2,3,1,2,3 ...). Alle mit einer 1 bilden eine Sing- und Tanzstimme, alle mit einer 2 usw. Entsprechend setzen alle der Gruppe 1 gleichzeitig ein, alle der Gruppe 2 usw. (Beispiel: „Der Herr hat Großes an dir getan").

Zum Einüben eines solchen Kanons als Lied treten alle der Gruppe 1 einen Schritt in den Kreis, die der Gruppe 3 einen Schritt nach hinten, oder sie stellen sich kurzzeitig zusammen. So kann jeder in seiner Stimme sicher werden, ohne rechts und links abweichende Stimmen neben sich zu haben. Denn während des Tanzens stören die Nebenstimmen nicht mehr, da sie sich an einer anderen Stelle bewegen.

Tanzformen, Tanzschritte und Vereinfachungen

Den Tanzbeschreibungen sind Symbole zugeordnet:

1. Die Tanzformen

○ bedeutet: Kreistanz. Alle stehen im Kreis, einzeln oder sie haben einander an den Händen gefaßt. Viele dieser Tänze lassen sich auch als offener Kreis (Halbkreis) tanzen.

☐ bedeutet: Die Tanzenden stehen sich als Block an vier Seiten gegenüber.

bedeutet: Prozessionstanz. Die Tanzenden gehen hintereinander her in einer Richtung durch den Raum.

 bedeutet: Die Tanzenden sind allein an irgendeiner Stelle im Raum. Sie tanzen voneinander unabhängig.

 bedeutet: Der Tanz, die Bewegung wird an dem Platz ausgeführt, wo man gerade ist.

2. Die Tanzrichtungen

 Die Tanzrichtung ist, wenn nichts anderes vermerkt ist – wie im Gesellschaftstanz – nach rechts. Sie wird als „gegensonnen" bezeichnet. Die Tanzenden bewegen sich, symbolisch gesehen, der aufgehenden Sonne entgegen. Sie schöpfen Kraft von ihr.

 Die Tanzrichtung nach links heißt entsprechend „mitsonnen". Sie bezeichnet den Weg mit der Sonne, vom Morgen zum Abend, zur Ruhe, von der Jugend zum Alter. Zugleich drückt sie Einsamkeit und Trauer aus.

∞ Die liegende Acht beinhaltet beide Tanzrichtungen und bezeichnet die Ewigkeit. In ihrer Mitte ist ein Kreuz als Übergang von mitsonnen zu gegensonnen und zurück.

Alle Kreistänze werden, wenn nichts anderes erwähnt ist, in Richtung gegensonnen getanzt. Auch beginnt man in der Regel mit dem rechten Fuß.

3. Die Tanzschritte

Die Tanzschritte sind bei einigen Tänzen in Takteinteilungen geschrieben, was eine Zuordnung der Schritte zur Musik erleichtert.

Der Gehschritt:
Gehschritte sind normale Schritte: rechts, links, rechts, links usw.

Der Nachstellschritt:
„Nachstellschritt: re seit – li an" bedeutet: Der rechte Fuß wird seitlich nach rechts gestellt. Gewicht auf den rechten Fuß verlagern! Der linke Fuß wird nachgezogen und belastet.
Entsprechendes gilt für:
Nachstellschritt: li seit – re an.
Nachstellschritt: re vor – li an.
Nachstellschritt: re rück – li an usw.

Der Tippschritt:
„Tippschritt: re seit – li tipp" bedeutet: Der rechte Fuß wird seitlich nach rechts gestellt und das Gewicht auf ihn verlagert. Der linke Fuß tippt neben dem rechten auf, ohne daß er belastet wird. Es geht mit links weiter.
Entsprechendes gilt für:
Tippschritt: li seit – re tipp.
Tippschritt: re vor – li tipp.
Tippschritt: li rück – re tipp usw.

Der Wiegeschritt:
„Wiegeschritt: re seit – li" bedeutet: Der rechte Fuß wird seitlich nach rechts gestellt, das Gewicht auf ihn verlagert. Der linke Fuß wird nicht nachgezogen, sondern bleibt auf seinem Platz. Das Gewicht wird zurückverlagert auf den linken Fuß.
Entsprechendes gilt für:
Wiegeschritt: li seit – re.
Wiegeschritt: re vor – li.
Wiegeschritt: re rück – li usw.

Der Wechselschritt:
„Wechselschritt: re seit – li – re" bedeutet: Der rechte Fuß wird seitlich nach rechts gestellt, das Gewicht auf ihn verlagert, der linke Fuß wird nachgezogen, Gewicht auf ihn verlagert. Der rechte Fuß wird seitlich wieder nach rechts gesetzt mit Gewichtsverlagerung, ohne den linken Fuß nachzuziehen. Dabei sind die ersten beiden Schritte doppelt so schnell wie der dritte Schritt.
Entsprechendes gilt für:
Wechselschritt: li seit – re – li.
Wechselschritt: re vor – li – re.
Wechselschritt: re rück – li – re usw.

Der Kreuzschritt (auch bekannt als Mayim-Schritt oder Scherenschritt):
„Kreuzschritt: re seit – li vor – re – li rück" bedeutet: Rechten Fuß nach rechts zur Seite, linker Fuß kreuzt vor dem rechten Fuß nach rechts. Rechten Fuß nach rechts neben den linken setzen. Linker Fuß kreuzt jetzt hinter dem rechten Fuß nach rechts. Die Beine bilden entsprechend eine Schere oder ein X, ein Kreuz. Der Körper kann bei den Schritten leicht mitgedreht werden.

Die Kette:
Bei Volkstänzen findet sie häufig Verwendung, z. B. bei „Das Wandern ist des Müllers Lust". Mit Kindern muß sie sorgsam eingeübt werden: Aufstellung im Kreis, Front zur Mitte. Wir zählen durch: 1, 2, 1, 2 usw. Alle Einser drehen 1/4-Drehung nach rechts, alle Zweier eine 1/4-Drehung nach links. Das gegenüberstehende Paar reicht sich die rechte Hand. Jeder Tänzer, jede

Tänzerin prägt sich die jetzt eingenommene Tanzrichtung auf der gedachten Kreislinie ein. Rhythmisches Gehen ist notwendig: Die Tanzenden gehen mit der rechten Schulter an ihrem Partner, ihrer Partnerin vorbei und reichen jetzt dem, der entgegenkommenden die linke Hand. An diesem, dieser gehen sie mit der linken Schulter vorbei und reichen dem entgegenkommenden Tänzer bzw. der Tänzerin die rechte Hand usw. Jeder geht abwechselnd außerhalb und innerhalb der Kreislinie an einer, einem Entgegenkommenden vorbei, aber immer in dieselbe Richtung.

4. Die Schwierigkeitsgrade der Tänze

Die Angabe des Alters bzw. die Angabe „Grundschule" ist nur ein ungefährer Hinweis auf das Mindestalter der Tanzenden. Wenn Möglichkeiten zum Einüben gegeben sind, schaffen auch jüngere Kinder schwierige Schrittfolgen. Kinder und Jugendliche mit leichter Behinderung tanzen in der Regel sehr gern. Für sie empfiehlt es sich, einfache Tänze zu wählen, zum Teil lassen sich auch die Schrittfolgen vereinfachen. Die Freude an der gemeinsamen Bewegung soll im Vordergund stehen und darf nicht durch zu komplizierte Schrittfolgen beeinträchtigt werden. Manchmal ist weniger mehr und der einfache Tanz der bessere.

5. Die Vereinfachung von Tanzschritten

Aus *Kreuzschritten* werden Gehschritte, aus *Wechselschritten* werden Nachstellschritte. Die *Kette* wird zu einem Innen- und Außenkreis. Der Innenkreis geht rechtsherum, der Außenkreis geht linksherum. Entgegenkommende Tanzende werden mit einem Handschlag begrüßt (rechte Hände schlagen gegeneinander), und die Begegnungen werden gezählt wie bei der Kette.

Drehungen werden reduziert: statt Wechsel re-herum/li-herum, nur re-herum drehen.

Kanons werden einstimmig gesungen und getanzt und variiert. Z. B.: Jetzt nur die Jungen! Jetzt nur die Mädchen!

Eine Hilfe ist es immer, wenn Erwachsene mittanzen, ausgenommen die Tänze, bei denen eine einheitliche Körpergröße wichtig ist (z. B. „Halte zu mir, guter Gott" und „Der Himmel geht über allen auf").

Tänze

Der Pilgerschritt

Dieser Tanzschritt läßt sich auf viele Lieder und Instrumentalstücke anwenden, gleich ob die Musik langsam oder schnell ist. Er stammt vermutlich aus Griechenland und wurde zur Hochzeit getanzt. Im Bereich des liturgischen Tanzes wird er zunehmend bekannt. Seine Schrittfolge ist einfach.

<u>Ausgangsposition:</u>
Aufstellung im Kreis, Front in Tanzrichtung auf der Kreislinie oder als Schlange, mit Handfassung bzw. wenn etwas getragen werden soll mit Schulterfassung: rechte Hand auf der linken Schulter des vorderen Tänzers, der vorderen Tänzerin.

<u>Bewegung:</u>
2 Gehschritte re – li und 1 Wiegeschritt re vor – li. Das heißt:
1. rechts vor,
2. links vor,
3. rechts vor, der linke Fuß bleibt hinten,

4. wir verlagern das Gewicht zurück auf den linken Fuß.
Die Schrittfolge 1–4 wird ständig wiederholt.

Bedeutung:
Es wird meditativ ein Weg beschritten. Mit jeder Schrittfolge kommen wir
nur 2 Schritte vorwärts. Es ist wie im Leben selbst, ein Vor und Zurück, aber
langsam und sicher kommen wir ans Ziel. Mir fällt die Geschichte von dem
Indianer ein, der, mit dem Zug am Bahnhof angekommen, sich neben die
Gleise setzt und wartet. Worauf? Daß seine Seele nachkommen kann.
Der Pilgerschritt ist eine einfache Möglichkeit, eine Gruppe mit meditativen
Tanzbewegungen vertraut zu machen. Die einzelne, der einzelne wird von
der Gruppe gestützt, die sie, ihn durch die wiegende Bewegung in den richti-
gen Rhythmus einbindet.

Einsatzmöglichkeiten:
 Als *Prozessionstanz,* wann immer etwas von einem Ort zum anderen
getragen werden muß oder Kinder von einem Ort zum anderen gelangen
wollen mit bedächtigen, meditativen Bewegungen.

Beispiele:
– Einzug einer Gruppe in den Altarraum oder
– Auszug einer Gruppe vom Altarraum
– Evangelienprozession zur Begleitung des Priesters mit dem Evangelien-
  buch. Dabei können Kerzen mitgetragen werden.

– Gabenprozession, wenn diese besonders und meditativ gestaltet wird.
– Wenn Symbole getragen werden, z. B. Steine zum Bußakt oder Kerzen zum Hochgebet.

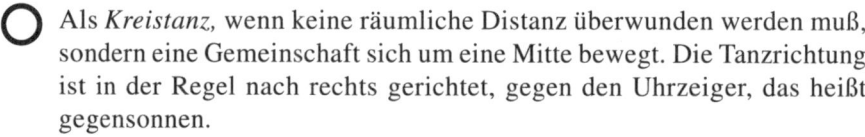 Als *Kreistanz,* wenn keine räumliche Distanz überwunden werden muß, sondern eine Gemeinschaft sich um eine Mitte bewegt. Die Tanzrichtung ist in der Regel nach rechts gerichtet, gegen den Uhrzeiger, das heißt gegensonnen.

Beispiele:
– Als Kreis mit Handfassung
– Als Kreis mit Schulterfassung und z. B. einem Licht in der anderen Hand; in der linken Hand, wenn die Gruppe nur für sich selbst tanzt, in der rechten Hand, wenn sie es der Gemeinde zeigen will, dann liegt die linke Hand auf der rechten Schulter des vorderen Tänzers, der vorderen Tänzerin.

 Beim *Spiraltanz* geht eine Gemeinschaft im Pilgerschritt langsam auf eine Mitte zu. Jeder Tänzer, jede Tänzerin erreicht sie und geht von ihr wieder zurück. Die Spirale wird linksherum, mitsonnen, eingedreht. Das Ausdrehen geschieht rechtsherum, gegensonnen. Außen angekommen läßt sich ein Kreis bilden.

In einem großen Altarraum bei einer Feier mit nur wenigen Teilnehmenden hilft der Spiraltanz, zur Ruhe zu kommen, die eigene Mitte zu finden, z. B. bei der Feier einer Erstkommuniongruppe oder bei einer Frühschicht. Auch läßt er sich gut außerhalb des Kirchenraumes einsetzen bei Gruppengottesdiensten oder Gemeinschaftstagen. Es sollten möglichst alle Anwesenden mittanzen.

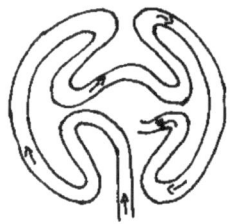 Eine schöne Variante ist das Nachschreiten eines *Labyrinths.* Ein Labyrinth ist nicht ein Irrgarten, sondern ein Weg zur Mitte: Die Mitte ist das Ziel, das wir aber nicht geradlinig erreichen. Immer, wenn wir meinen, ihm ganz nahe zu sein, führt der Weg wieder ein Stück zurück. Aber wir werden ankommen! Von der Mitte führt der Weg nach außen. Die Gruppe formiert sich zum Kreis. Zum Spiraltanz und Labyrinth eignet sich am besten ruhige Instrumentalmusik.

Alter: Grundschulkinder

Anzahl: Beliebig

Folgende Lieder eignen sich gut für den Pilgerschritt:

Als Instrumentalmusik: **Kanon von Pachelbel**

8 Und richte unsere Füße

Kanon für 4 Stimmen

Und rich - te un - se - re Fü - ße und

rich - te un - se - re Fü - ße auf den Weg des

Frie - dens, auf __ den Weg __ des Frie - dens.

Musik: Friedrich Grünke,
© Strube Verlag, München–Berlin.

Je 2 Takte eine Pilgerschrittfolge: | re – li | re – li |.

Als Kanon möglich:
Verschiedene Kreise drehen sich gegenläufig.

Einsatzmöglichkeiten:
– Zum Friedensgruß
– Schlußlied

9 Wir sind auf dem Weg

Kanon für 3 Stimmen

Wir sind auf dem Weg und neh-men mit: Hoff-nung, Glau-be,

Zu-ver-sicht. Wir sind auf dem Weg und ge-ben uns die Hand.

Je-sus geht mit uns, er führt ins neu-e Land. Wir sind auf dem

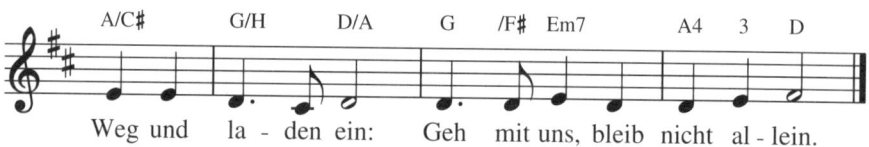

Weg und la-den ein: Geh mit uns, bleib nicht al-lein.

Text und Musik: Ulrich Walters,
Rechte beim Autor.

Je Takt eine Pilgerschrittfolge: | re – li – re – li |.

Als Kanon möglich:
Verschiedene Kreise drehen sich gegenläufig.

Alter: Grundschule

Anzahl: Beliebig

Bedeutung:
Gemeinschaftsbildend: Einige Kinder beginnen und nehmen immer mehr in ihre Reihe auf.

Einsatzmöglichkeiten:
– Eröffnung / Einzug

– Schluß / Auszug
– Thematisch eingebunden in den Wortgottesdienst
– Osterzeit

10 Gehn wir in Frieden

Kanon für 2 Stimmen

Zulu-Abschiedslied, mündlich überliefert.

Je 2 Takte eine Pilgerschrittfolge: | re – li | re – li |.

Als Kanon möglich:
Beim Kreistanz können 2 Kreise gegenläufig tanzen. Beim Prozessionstanz
können 2 Reihen tanzen, die zueinander im Kanon singen.

Alter: Grundschule

Anzahl: Beliebig

Einsatzmöglichkeiten:
– Schluß / Auszug
– Rückweg auf die Plätze nach einem Tanz

11 Mache dich auf und werde Licht

Kanon für 4 Stimmen

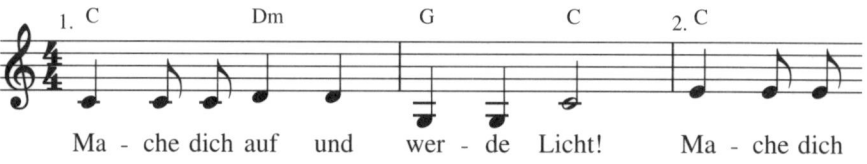

Ma - che dich auf und wer - de Licht! Ma - che dich

auf und wer - de Licht! Ma - che dich auf __ und __

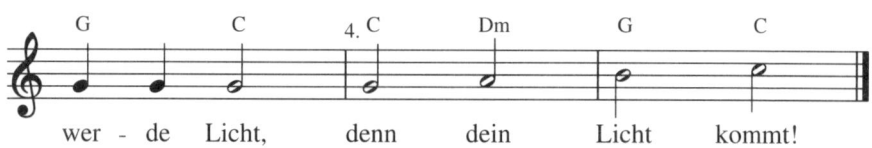

wer - de Licht, denn dein Licht kommt!

Text und Musik: Kommunität Gnadenthal,
© Präsenz-Verlag, 65597 Gnadenthal.

Je 2 Takte eine Pilgerschrittfolge: | re – li | re – li |.

<u>Als Kanon möglich:</u>
In gegenläufigen Kreisen
(siehe auch Tanzbeschreibung S. 58)

<u>Alter:</u> Grundschule

<u>Anzahl:</u> Beliebig

<u>Einsatzmöglichkeiten:</u>
– In der Adventszeit im Gemeindegottesdienst oder bei einer Gruppenfeier

56

12 Mir ist ein Licht aufgegangen

Kanon für 4 Stimmen

Text: *Reinhard Bäcker, Musik: Detlev Jöcker,*
aus: MC und Liedheft „Licht auf meinem Weg",
Rechte: Menschenkinder Verlag, 48157 Münster.

Je 2 Takte eine Pilgerschrittfolge: | re – li | re – li |.

<u>Als Kanon möglich:</u>
In gegenläufigen Kreisen

<u>Alter:</u> Grundschule

<u>Anzahl:</u> Beliebig

<u>Einsatzmöglichkeiten:</u>
– Osterzeit
– Fest der Darstellung des Herrn (Kerzenweihe)
– Taufe oder Erstkommunion

⭕ **Kreistanz zu beiden vorgenannten Liedern**

<u>Als Kanon zu 2 Stimmen möglich</u>

<u>Alter:</u> Ab 8 Jahre

<u>Anzahl:</u> Beliebig

<u>Ausgangsposition:</u>
Kreis, Front in Tanzrichtung: gegensonnen (rechts), Schulterfassung, Licht in einer Hand (wenn alle mittanzen innen, linke Hand, wenn für die Gemeinde getanzt wird außen, rechte Hand). Bei zu geringer Personenzahl (weniger als 10 Tanzende) ist es besser, unangefaßt auf der Kreislinie zu gehen.
Für einen Kanon sollte ein Innen- und ein Außenkreis gebildet werden. Der Innenkreis beginnt. Einsatz ist in der Mitte des Liedes, bei der Textstelle „Mir ist ein Licht ...".

<u>Bewegung:</u>

1. Mache dich auf und werde Licht!	*Pilgerschritt I re – li I re – li I.*	1. Mir ist ein Licht aufgegangen:	
2. Mache dich auf und werde Licht!	*Pilgerschritt I re – li I re – li I.*	2. Auf meinem Weg ein heller Schein	
3. Mache dich auf und werde Licht,	*3/4-Drehung mit 4 Schritten nach rechts, jetzt Front zur Kreismitte.*	3. Mir ist ein Licht aufgegangen.	
4. denn dein Licht kommt.	*Licht mit beiden Händen hochheben und wieder senken.*	4. Gott spricht: „Ich werde mit dir sein."	

In Ausgangsstellung und von neuem tanzen.

Zum Symbol Licht

Die beiden letztgenannten Tänze, „Mache dich auf und werde Licht" und „Mir ist ein Licht aufgegangen", werden mit Lichtern in den Händen getanzt.

So lassen sich schnell eindrucksvolle Lichter basteln: hellfarbiges Transparentpapier in kleine Stücke reißen oder schneiden. Kleister anrühren und ziehenlassen. Mit einem Pinsel oder dem Finger gespülte Senf- oder Marmeladengläser mit Kleister bestreichen, die Papierschnipsel aufkleben und trocknen lassen.

In die Laternen, deren Öffnungen groß genug sein müssen, stellt man ein Teelicht. So ist die Gefahr von überlaufendem heißen Wachs auf die Kinderhände gebannt, und es sieht schön aus. Vorsicht – die Teelichter sollten erst entzündet werden, wenn sie zu den Bewegungen gebraucht werden. Ist das Wachs schon flüssig, löscht es die Flamme schnell aus.

Vorüberlegungen:

Wenn mit Lichtern im Gottesdienst getanzt wird, ist gut zu überlegen, an welcher Stelle sie eingebracht werden und wo sie nach dem Tanzen bleiben. Sie brennen als Zeichen für Gott, aus Freude über ihn und unsere Gemeinschaft und zu seinem Lob. Wenn sie zu den Fürbitten angezündet werden, leuchten sie für diejenigen, derer gedacht wird. Sie können also ihren Standort haben am Lesepult, auf dem Altar oder in dessen Nähe, in der Nähe des Tabernakels, bei einem Kreuz, der Osterkerze oder vor einer Stellwand mit Plakat. Wenn sie Zeichen von dem *einen* Licht, Jesus, sein sollen, ist es sinnvoll, sie – wenn möglich – an der Osterkerze oder einer Altarkerze anzuzünden.

Durch ihre Einbeziehung in den Gottesdienst symbolisieren die Kerzen die Thematik des Tanzes. Sie sagen etwas Bestimmtes aus und halten es auch dann optisch präsent, wenn die Musik bzw. das Lied schon verklungen ist. Daher sollte ihr Standort ihrem Aussagegehalt entsprechen.

Beispiele:

– Kerzen brennen zum Heilig-Lied während des Hochgebetes. Sie zieren den Altar.
– Kerzen brennen zu Ostern bei einem Tanz um die Osterkerze. Sie können um die Osterkerze herum aufgestellt werden.
– Kerzen brennen zu Allerheiligen. Sie werden zu einem Kreuz gestellt.
– Kerzen brennen zur Kerzenweihe am Fest der Darstellung des Herrn. Sie können um die geweihten, nicht entzündeten Kerzen gestellt werden.
– Kerzen brennen zum Evangelium. Sie werden auf den Gabentisch gestellt und zur Gabenbereitung mit zum Altar gebracht.
– Das Licht kann vom Altar geholt und als Prozession durch die Kirche getragen werden. Dann kann es bei einem Marienbild oder in einer Seitenkapelle, vielleicht am Taufbrunnen, weiterbrennen. Es soll in die Welt hineinleuchten.
– Kerzen brennen im Oster- oder Weihnachtsgottesdienst. Sie können auf den Friedhof gebracht werden oder zu Hause im Fenster leuchten.

13 Herr, du bist Licht

Ein lan-ger Weg, doch klein sind mei-ne Schrit-te.

Ein wei-ter Kreis, ich su-che mei-ne Mit-te.

Herr, du bist Licht! Licht ist Le-ben. Le-bens-licht, _____

lich-te mein Le-ben, und mach mich _ zum Licht.

Lich-te mein Le-ben, und mach mich _ zum Licht.

2. Noch ist mein Ziel
im Irgendwo verborgen.
Doch in der Nacht
keimt schon der neue Morgen.

Herr, gib mir Licht!
Licht ist Leben.
Lebenslicht,
lichte mein Leben,
und mach mich zum Licht.

3. Ein heller Ton
dringt leise in mein Schweigen.
Ein gutes Wort
will mir die Mitte zeigen.

Herr, du gibst Licht!
Licht ist Leben.
Lebenslicht,
lichte mein Leben,
und mach mich zum Licht.

4. Im dunklen Tal
wird mir ein Licht gegeben.
Am dürren Stamm
erblüht das neue Leben.

Herr, du bist Licht!
Licht ist Leben.
Lebenslicht,
lichtet mein Leben:
Ich gehe im Licht.

5. Ein guter Gott
will mich zum Ziel begleiten
und auf dem Weg
mich trösten, stärken, leiten.

Herr, du bist Licht.
Licht ist Leben.
Lebenslicht,
lichtet mein Leben:
Ich werde zum Licht.

Text: Reinhard Bäcker, Musik: Detlev Jöcker,
aus: MC und Liedheft „Licht auf meinem Weg",
Rechte: Menschenkinder Verlag, 48157 Münster.

⭕ Kreistanz

<u>Alter:</u> Grundschule

<u>Anzahl:</u> Ab 5 Tanzende

<u>Ausgangsposition:</u>
Kreis, nicht angefaßt. Front zur Kreismitte. In den Händen ein Licht. Unterstützender Gesang – entweder durch einen Chor, die Gemeinde oder eine Tonkassette (MC: „Licht auf meinem Weg", Menschenkinder-Verlag, Münster) – ist notwendig, da in den wenigsten Fällen die Tanzenden den Text auswendig kennen.

<u>Bewegung:</u>
Nur zum Refrain, während der Strophen stehen die Tanzenden still und hören zu.

Herr, du bist Licht!
Licht ist Leben.

4 Gehschritte vor
zur Kreismitte.
| re – li | re – li |.

61

Lebenslicht,	*Stehen, das Licht hochheben.*
lichte mein Leben,	*2 Nachstellschritte:*
und mach mich zum Licht.	*re seit – li an,*
	dabei das Licht langsam
	wieder auf Taillenhöhe
	herunternehmen.
Lichte mein Leben,	*4 Gehschritte rückwärts*
und mach mich zum Licht.	*zurück zur Kreislinie.*
	*| re – li	re – li |.*

Bedeutung:
Wir „malen" mit den Füßen eine Sonne auf den Boden. In der Mitte ist unser Lebenslicht symbolisiert. Es ist sinnvoll, diesen Tanz um ein Licht, z. B. die Osterkerze, oder um den Altar zu tanzen.

Einsatzmöglichkeiten:
– Zwischengesang
– Glaubensbekenntnis
– Nach der Kommunion

14 Kommt herbei, singt dem Herrn (GL 270)

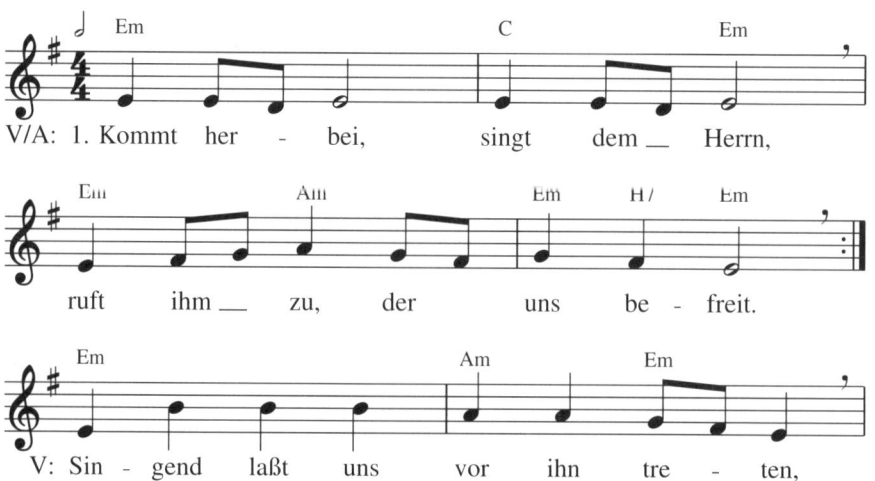

V/A: 1. Kommt her - bei, singt dem __ Herrn,
ruft ihm __ zu, der uns be - freit.
V: Sin - gend laßt uns vor ihn tre - ten,

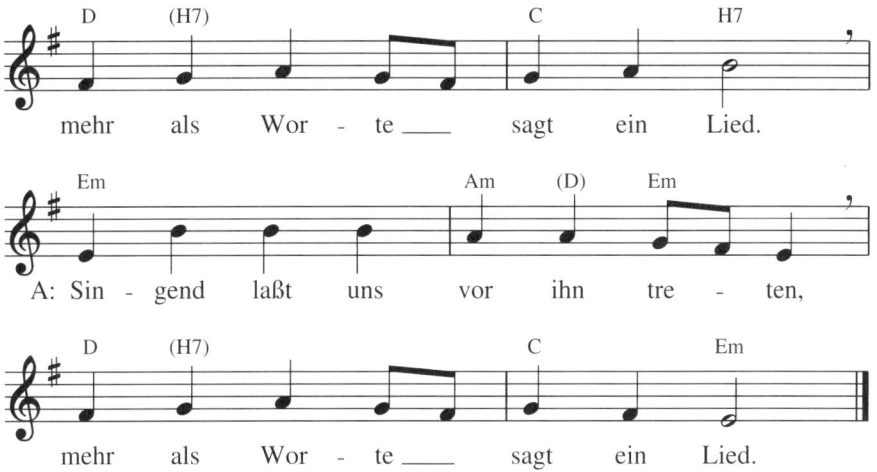

mehr als Wor - te ___ sagt ein Lied.

A: Sin - gend laßt uns vor ihn tre - ten,

mehr als Wor - te ___ sagt ein Lied.

2. |: Er ist Gott, Gott für uns, / er allein ist letzter Halt. :|
   |: Überall ist er und nirgends, / Höhen, Tiefen, sie sind sein. :|

3. |: Ja, er heißt: Gott für uns; / wir die Menschen, die er liebt. :|
   |: Darum können wir ihm folgen, | können wir sein Wort verstehn. :|

4. |: Wir sind taub, wir sind stumm, / wollen eigne Wege gehn. :|
   |: Wir erfinden neue Götter / und vertrauen ihnen blind. :|

5. |: Dieser Weg führt ins Nichts, / und wir finden nicht das Glück, :|
   |: graben unsre eignen Gräber, / geben selber uns den Tod. :|

6. |: Menschen, kommt, singt dem Herrn, / ruft ihm zu, der uns befreit. :|
   |: Singend laßt uns vor ihn treten, / mehr als Worte sagt ein Lied. :|

Text: Diethard Zils, Musik: aus Israel,
aus: Schulgottesdienst (BE 811),
© by Gustav Bosse Verlag, Kassel.

O Tanz 1: Kreistanz

Alter: Ab 6 Jahre

Anzahl: Ab 6 Tanzende

Ausgangsposition:
Kreis, angefaßt, Front in Tanzrichtung nach rechts auf der Kreislinie.

Bewegung:
Teil 1:

I: Kommt herbei,	*Auf der Kreislinie: 3 Gehschritte vor,*
singt dem Herrn,	*dann auf dem belasteten Bein hüpfen.*
ruft ihm zu,	*Mit dem rechten Fuß beginnen:*
der uns befreit. :I	*I re – li – re – re I li – re – li – li I usw.*
(wiederholen)	*Mit Wiederholung 8 Takte.*

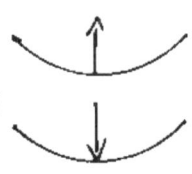

Teil 2:

I: Singend laßt uns	*Front zur Kreismitte.*
vor ihn treten,	*I: 4 Gehschritte vor zur Kreismitte.*
mehr als Worte	*4 Gehschritte zurück zur Kreislinie. :I*
sagt ein Lied. :I	
(wiederholen)	

Weitere Strophen werden mit denselben Bewegungen getanzt.

⭕ Tanz 2: Kreistanz

Alter: Ab 8 Jahre

Anzahl: Ab 6 Tanzende

Ausgangsposition:
Wie beim Tanz 1.

Bewegung:
Teil 1:
Wie beim Tanz 1.

Teil 2:

I: Singend laßt uns	*I: Front zur Kreismitte, Handhaltung*
vor ihn treten,	*lösen. 4 Gehschritte vor zur Kreis-*
	mitte, dabei mit den Fingern nach
	oben schnippen: nach re, nach li,
	nach re, nach li.
mehr als Worte	*4 Gehschritte zurück zur Kreislinie.*
sagt ein Lied. :I	*Hände herunternehmen. :I*
(wiederholen)	

Weitere Strophen werden mit denselben Bewegungen getanzt.

Bedeutung:
Als Gemeinschaft kommen wir fröhlich zusammen und treten vor Gott, der

die Mitte unserer Versammlung ist. Zugleich geht es auch wieder hinaus an unseren Platz im Alltag. Ein einfacher Kreistanz, der zum Mitmachen einlädt.

<u>Einsatzmöglichkeit:</u>
– Eröffnung

<u>Anmerkung:</u>
Das Lied nicht zu langsam singen. Ansonsten müssen die Hüpfschritte durch Pilgerschritte ersetzt werden. Ein Pilgerschritt pro Takt: | re – li – re – li |.

15 Laßt uns miteinander

Kanon für 4 Stimmen

Laßt uns mit-ein-an-der, laßt uns mit-ein-an-der sin-gen, lo-ben,

dan-ken dem Herrn. Laßt es uns ge-mein-sam tun, sin-gen, lo-ben,

dan-ken dem Herrn. Sin-gen, lo-ben, dan-ken dem Herrn,

sin-gen, lo-ben, dan-ken dem Herrn, sin-gen, lo-ben,

dan-ken dem Herrn, sin-gen, lo-ben, dan-ken dem Herrn.

Mündlich überliefert aus der ehemaligen Tschechoslowakei.

◯ Kreistanz

Als Kanon bis zu 4 Stimmen möglich: Es wird in konzentrischen Kreisen gesungen und getanzt. Der innere Kreis fängt an.

Alter: Ab Kindergarten

Anzahl: Beliebig

Ausgangsposition:
Kreis, angefaßt, Front nach rechts in Tanzrichtung.

Bewegung:

1. Laßt uns miteinander, *16 Gehschritte auf der* laßt uns miteinander, *Kreislinie nach rechts.* singen, loben, „tanzen" dem Herrn.

2. Laßt es uns gemeinsam tun, *16 Gehschritte auf der* singen, loben, „tanzen" *Kreislinie nach links.* dem Herrn,

3. singen, loben, „tanzen" *Am Platz, Handhaltung* dem Herrn, *lösen, Front zur Kreis-* *mitte, die Arme heben.*

singen, loben, „tanzen" *Mit erhobenen Armen* dem Herrn, *am Platz rechtsherum* *einmal drehen.*

4. singen, loben, „tanzen" *Arme langsam* dem Herrn, *herunternehmen.*

singen, loben, „tanzen" *Klatschen:* dem Herrn. | *1 2 3 4* | *1 + 2 + 3 4* |.

Sofort wieder anfassen und von neuem beginnen. (Die Änderung „tanzen" statt „danken" ist eine Anregung.)

Bedeutung:
Ein einfacher Reigentanz, der schnell mitgetanzt werden kann und das gemeinsame Lob fröhlich zum Ausdruck bringt.

Einsatzmöglichkeiten:
– Eröffnung
– Gloria

16 Was wir brauchen

Kanon für 2 Stimmen

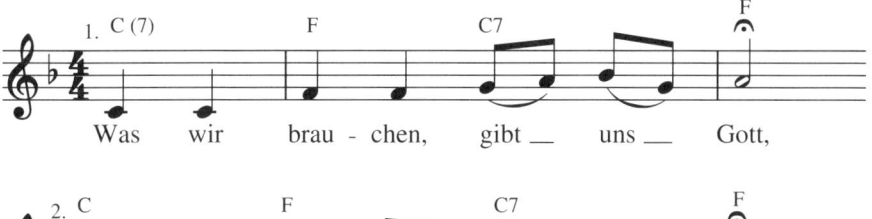

Was wir brau - chen, gibt ___ uns ___ Gott,

Fröh - lich - keit und ___ täg - lich ___ Brot.

Text und Melodie mündlich überliefert.

⬤ Kreistanz

<u>Als Kanon zu 2 Stimmen möglich:</u> Als Innen- und Außenkreis zu tanzen. Der Innenkreis beginnt. Einsatz für den Außenkreis ist in der Mitte des Liedes bei „Fröhlichkeit …".

<u>Alter:</u> Ab Kindergarten

<u>Anzahl:</u> Beliebig, Kanon ab 12 Personen (4 innen, 8 außen)

<u>Ausgangsposition:</u>
Kreis, angefaßt, Front nach rechts in Tanzrichtung.

<u>Bewegung:</u>

1. Was wir brauchen, gibt uns Gott,	*8 Gehschritte vorwärts in Tanzrichtung (rechts) auf der Kreislinie, das heißt 4 Schritte je Takt: | re – li – re – li |.*	
2. Fröhlichkeit	*Ein Schlußsprung am Platz mit 1/4-Drehung zur Kreismitte.*	

und täglich Brot.

Handhaltung lösen und mit
den Händen vor dem Körper
eine Schale formen.

Schnell wieder anfassen und von neuem beginnen!
Besonders fröhlich geht es zu, wenn man das Lied recht schnell singt. Wird
im Kanon getanzt, ist immer eine Gruppe in Bewegung, die andere am Platz.

Einsatzmöglichkeiten:
– Wortgottesdienst (wenn das Lied thematisch eingebunden ist, z. B. als Dank
  zum Erntedankfest)
– Gabenbereitung (besonders bei einem Gruppengottesdienst)
– Danksagung nach der Kommunion
– Tischgebet bei Gemeinschaftstagen und Lagern

17 Wir feiern heut ein Fest

ein, her - ein! Wir la - den al - le ein. __

2. Wir feiern heut ein Fest
   und singen miteinander.
   Wir feiern heut ein Fest,
   weil Gott uns alle liebt.

   Refrain:
   Herein, herein! …

3. Wir feiern heut ein Fest
   und danken für die Gaben.
   Wir feiern heut ein Fest,
   weil Gott uns alle liebt.

   Refrain:
   Herein, herein! …

4. Wir feiern heut ein Fest
   und teilen miteinander.
   Wir feiern heut ein Fest,
   weil Gott uns alle liebt.

   Refrain:
   Herein, herein! …

Text: Rolf Krenzer, Musik: Ludger Edelkötter,
aus: „Wir feiern heut ein Fest / Weil du mich so magst",
Rechte: IMPULSE-Musikverlag, 48317 Drensteinfurt.

⭕ **Kreistanz**

Paarweise – mit Kette

Alter: Ab 9 Jahre

Anzahl: Eine gerade Personenzahl, mindestens 8

Ausgangsposition:
Auf der Kreislinie stehen immer 2 Kinder einander gegenüber und geben sich die rechte Hand. Eines schaut in Tanzrichtung nach rechts (gegensonnen), eines nach links (mitsonnen).

Die Kette muß den Kindern gut bekannt sein. Zuvor üben!
Hilfreich ist die Kennzeichnung der Tanzenden mit farbigen Tüchern (z. B. „Die mit Tuch gehen nach links!").

Bewegung:
Wir <u>feiern</u> heut ein <u>Fest</u>
und <u>kommen</u> hier zus<u>ammen.</u>
Wir <u>feiern</u> heut ein <u>Fest,</u>
weil <u>Gott</u> uns alle <u>liebt.</u>

Die Tanzenden gehen eine Kette:
Sie gehen am Partner, an der Partnerin mit der rechten Schulter vorbei, lösen die Handhaltung, fassen mit der linken Hand den entgegenkommenden Tänzer, die Tänzerin und gehen an diesem bzw. dieser mit der linken Schulter vorbei. Sie lösen die Handhaltung, fassen mit der rechten Hand den entgegenkommenden Tänzer, die Tänzerin usw.
Die einzelne, der einzelne geht immer in dieselbe Richtung. Je unterstrichenem Wort ein Händedruck – also 8 Begegnungen, wenn man die erste Person mitrechnet.

Refrain:
Herein, herein!
Wir laden alle ein.
Herein, herein!
Wir laden alle ein.

Bei der 8. Begegnung haken sich die Tanzenden mit dem linken Arm ein und drehen sich ganz langsam linksherum auf ihrer Stelle auf der Kreislinie. Dabei winken sie einladend mit dem rechten Arm.

2. Strophe
Wir feiern heut ...

Die Tanzenden gehen sofort in die Richtung weiter, in die sie zuvor auch gegangen sind (wichtig!), zum nächsten Partner, zur nächsten Partnerin. Dieser, diese bekommt die rechte Hand und zählt als 1. Begegnung usw.

Bedeutung:
Die Freude, die Gemeinschaft, die Einladung werden gut ausgedrückt.

Einsatzmöglichkeit:
– Eröffnung eines Gottesdienstes. Die Gemeindemitglieder sollten sich an ihren Plätzen mit in den Tanz einbringen, indem sie beim Refrain Leute mit einer Geste herbeiwinken und sich in der Kirche umschauen, wer sonst noch da ist.

71

18 Wenn du singst

1. Wenn du singst, sing nicht al-lein, steck an-dre an. Sin-gen kann Krei-se ziehn. Wenn du singst, sing nicht für dich. Steck an-dre an. Zieh den Kreis nicht zu klein, zieh den Kreis nicht zu klein.

2. Wenn du sprichst, sprich nicht allein,
   steck andre an. Sprechen kann Kreise ziehn.
   Wenn du sprichst, sprich nicht für dich.
   Sprich andre an. Zieh den Kreis nicht zu klein.

3. Wenn du hörst, hör nicht allein,
   steck andre an. Hören kann Kreise ziehn.
   Wenn du hörst, hör nicht für dich.
   Hör für mich mit. Zieh den Kreis nicht zu klein.

4. Wenn du weinst, wein nicht allein,
   steck andre an. Weinen soll Kreise ziehn.
   Wenn du weinst, wein nicht für dich.
   Schließ dich nicht ein. Zieh den Kreis nicht zu klein.

5. Wenn du lachst, lach nicht allein,
   steck andre an. Lachen soll Kreise ziehn.
   Wenn du lachst, lach nicht für dich.
   Lach andren zu. Zieh den Kreis nicht zu klein.

Text und Musik: Georg Surmund,
aus: Weitersagen (IMP 1006 nicht mehr lieferbar),
alle Rechte im IMPULSE-Musikverlag, 48317 Drensteinfurt.

⁚⁚⁚⁚ Frei im Raum

Alter: Grundschule

Anzahl: Beliebig

Ausgangsposition:
Alle Tanzenden sind frei im Raum verteilt.

Bewegung:

1. Strophe:
Wenn du singst,
sing nicht allein …

Allein im Raum: langsame Kreuzschritte, re seit – li vor – re – li rück, je Takt 1 Schritt. Wir drehen den Oberkörper leicht mit, so daß wir schauen, wer noch rechts und links von uns im Raum ist.

Refrain:
Zieh den Kreis …

Jeder sucht sich einen Partner, eine Partnerin, faßt ihn, sie an und dreht sich mit ihm, ihr in Gehschritten im Kreis rechtsherum, je Takt 2 Schritte | re-li |.

2. Strophe:
Wenn du sprichst,
sprich nicht allein …

Das Paar geht angefaßt langsam im Kreuzschritt rechtsherum im Kreis.

Refrain:
Zieh den Kreis …

Jedes Paar sucht ein weiteres, und die 4 Tanzenden laufen im Kreis mit schnellen Gehschritten rechtsherum.

Zur 3. Strophe gehen die 4 Tanzenden im Kreis im Kreuzschritt und verdoppeln den Kreis beim Refrain, bis alle einen großen Kreis bilden. Sollte die Per-

sonenzahl nicht genau passen, wird das Lied entweder im großen Kreis zu Ende getanzt, oder aber die Strophen werden noch einmal von vorn gesungen.

Bedeutung:
Wir ziehen den Kreis immer größer, das heißt, wir lassen niemanden außen stehen und werden eine große Gemeinschaft, die miteinander singt, spricht, hört, weint und lacht. Ein froher Begrüßungstanz für möglichst viele Tanzende.

Einsatzmöglichkeiten:
– Eröffnung
– Zwischengesang (eventuell bei thematischem Bezug)
– Nach der Kommunion (um die Gemeinschaft untereinander zu verdeutlichen)
– Begrüßung (bei einem Fest außerhalb des Gottesdienstes)

19 Wenn ich singe

1. Wenn ich sin - ge, wenn ich sin - ge, steh' ich nicht al - lein. Denn

je - der, der jetzt hier bei mir, der links von mir und rechts von mir, ja,

je - der, der heut hier bei mir, stimmt in mein Sin - gen ein. La -

la - la - la - la - la - la - la - la - la - la - la - la - la - la - la.

2. Wenn ich preise, wenn ich preise,
   steh' ich nicht allein.
   Denn jeder, der jetzt hier bei mir,
   der links von mir
   und rechts von mir,
   ja, jeder, der heut hier bei mir,
   stimmt in mein Preisen ein.

3. Wenn ich lobe, wenn ich lobe,
   steh' ich nicht allein.
   Denn jeder, der jetzt hier bei mir,
   der links von mir
   und rechts von mir,
   ja, jeder, der heut hier bei mir,
   stimmt in mein Loben ein.

4. Wenn ich bete, wenn ich bete,
   steh' ich nicht allein.
   Denn jeder, der jetzt hier bei mir,
   der links von mir
   und rechts von mir,
   ja, jeder, der heut hier bei mir,
   stimmt in mein Beten ein.

5. Wenn ich danke, wenn ich danke,
   steh' ich nicht allein.
   Denn jeder, der jetzt hier bei mir,
   der links von mir
   und rechts von mir,
   ja, jeder, der heut hier bei mir,
   stimmt in mein Danken ein.

6. Will ich feiern, will ich feiern,
   steh' ich nicht allein.
   Denn jeden, der jetzt hier bei mir,
   der links von mir
   und rechts von mir,
   ja, jeden, der heut hier bei mir,
   den lad' ich dazu ein.

7. Will ich tanzen, will ich tanzen,
   bin ich nicht allein.
   Denn jeden, der jetzt hier bei mir,

der links von mir
und rechts von mir,
ja, jeden, der heut hier bei mir,
den lad' ich dazu ein.

8. Wenn wir uns Gott anvertrauen,
sind wir nie allein.
Denn jeder, der jetzt hier bei mir,
der links von mir
und rechts von mir,
ja, jeder, der heut hier bei mir,
wird nie allein mehr sein.

Text: Rolf Krenzer, Musik: Detlev Jöcker,
aus: MC und Liedheft „Solange die Erde lebt",
Rechte: Menschenkinder Verlag, 48157 Münster.

Wird das Lied getanzt, ist es sinnvoller, im 2. Takt statt „steh' ich" „bin ich" zu singen.

⭕ Tanz 1: Kreistanz

<u>Alter:</u> Ab Kindergarten

<u>Anzahl:</u> Beliebig

<u>Ausgangsposition:</u>
Kreis, Front zur Kreismitte, nicht angefaßt.

<u>Bewegung:</u>

Wenn ich singe, wenn ich singe, „bin" ich nicht allein.	*8 Gehschritte zur Kreismitte.*
Denn jeder, der jetzt hier bei mir,	*Tanzende zeigen mit beiden Händen auf sich selbst.*
der links von mir und rechts von mir,	*Alle Tanzenden fassen sich an.*
ja, jeder, der heut hier bei mir, stimmt in mein Singen ein.	*Alle gehen mit 8 Gehschritten angefaßt rückwärts zur Kreislinie.*

La-la-la-la-la-la-la-la-la la-la-la-la-la-la-la.	*Alle gehen angefaßt mit 8 Gehschritten rechtsherum auf der Kreislinie. (Alternativ: Alle drehen sich rechtsherum um die Körperachse).* 
2. Wenn ich preise … und 3. Wenn ich lobe …	*Die Tanzenden gehen mit erhobenen Armen in die Mitte, dann wie 1. Strophe.*
4. Wenn ich bete …	*Die Tanzenden gehen mit gefalteten Händen in die Mitte, dann wie 1. Strophe.*
5. Wenn ich danke …	*Die Tanzenden verneigen sich auf dem Weg zur Mitte, dann wie 1. Strophe.*
6. Will ich feiern …	*Die Tanzenden klatschen auf dem Weg zur Mitte.*
7. Will ich tanzen …	*Die Tanzenden hüpfen zur Mitte.*
8. Wenn wir uns Gott anvertrauen …	*Die Tanzenden gehen mit offener Gebetshaltung zur Mitte (Orantehaltung), das heißt: sich ganz für Gott öffnen.* 

⭕ Tanz 2: Kreistanz

<u>Alter:</u> Grundschule

<u>Anzahl:</u> Beliebig

<u>Ausgangsposition:</u>
Kreis, Front zur Kreismitte, nicht angefaßt.

78

Bewegung:

Wenn ich singe, wenn ich singe,	*4 Gehschritte zur Kreis- mitte | re – li – re – li |. (Je Takt 4 Schritte.)*	
„bin" ich nicht allein.	*4 Gehschritte zurück zur Kreislinie.*	
Denn jeder, der jetzt hier bei mir,	*Alle fassen einander an.*	
der links von mir	*1 Nachstellschritt: li seit – re an.*	
und rechts von mir,	*1 Nachstellschritt: re seit – li an.*	
ja, jeder, der heut hier bei mir,	*4 Gehschritte angefaßt zur Kreismitte.*	
stimmt in mein Singen ein.	*4 Gehschritte zurück zur Kreislinie.*	
La-la-la …	*2 Kreuzschritte nach rechts: re seit – li vor – re – li rück. (Je Takt 1 Kreuzschritt.)*	
	Loslassen!	

Die weiteren Strophen mit der Gestik wie bei Tanz 1 beschrieben beginnen!

 Tanz 3: Am Platz für die gesamte Gemeinde

Bewegung:

Bei „… der links von mir und rechts von mir"	*Alle fassen sich an die Hand.*
Bei „La-la-la…"	*Alle klatschen.*

Die Anfangsgesten der Strophen kann die Gemeinde – teilweise – ebenfalls
mitmachen.

Bedeutung:
Lebhaft, fröhlich, einfach. Ich beginne allein, bin allein auf dem Weg. (Es wäre zu überlegen, ob man den Text der 1. Zeile ändert von „steh' ich nicht allein" zu „bin ich nicht allein".) Dann treffe ich die anderen. Wir werden eine Gemeinschaft (anfassen) und freuen uns (la-la-la).
Alle Verben bezeichnen, was wir im Gottesdienst tun: singen, loben, beten, danken, feiern, tanzen und uns Gott anvertrauen. Ausgehend von Tätigkeiten des alltäglichen Lebens wird behutsam in eine Gebetshaltung eingeführt.

Einsatzmöglichkeiten:
– Eröffnung (Begrüßung)
– Nach der Kommunion
– Kinderwortgottesdienste

Vorschlag:
An einem Sonntag sollte das Lied der Gemeinde bekanntgemacht und das Händereichen und Klatschen als Bewegungselement eingeführt werden. Später kann man eine Kindergruppe – nach vorheriger Einübung – mittanzen lassen. So ist die Gemeinde eher zum Mittun zu bewegen.

20 Das wünsch' ich sehr

Kanon für 4 Stimmen

Text: Kurt Rose, Musik: Detlev Jöcker,
aus: MC und Liedheft „Licht auf meinem Weg",
Rechte: Menschenkinder Verlag, 48157 Münster.

Am Platz für die gesamte Gemeinde

Als Kanon bis zu 4 Stimmen möglich:
Dazu muß die Gemeinde blockweise eingeteilt werden, weil sonst die Aussage der Bewegungen gestört ist.

Bewegung:

1. Das wünsch' ich sehr,   *Die Hände bittend offen vor den Körper halten.*

2. daß immer einer bei mir wär',   *Beide Hände zeigen auf sich selbst.*

3. der lacht und spricht: *Rechten und linken Nachbarn, Nachbarin anfassen.*

4. fürchte dich nicht.   *Hände drücken, schütteln.*

Hände lösen und das Lied wiederholen.

Bedeutung:
Jeder Teilnehmer, jede Teilnehmerin wünscht, sucht und findet die Gemeinschaft und nimmt zugleich auch die rechten und linken Nachbarinnen und Nachbarn an.

Einsatzmöglichkeiten:
Wenn das Lied textlich eingebunden wird, kann es an vielen Stellen im Gottesdienst seinen Platz finden:
– Eingangslied
– Zwischengesang (wenn von der Nähe Jesu im Evangelium die Rede ist)
– Fürbitten (z. B.: „Wir bitten für alle Kranken." Ruf: „Das wünsch ich sehr, daß immer einer bei *ihnen* wär' …")
– Vor der Kommunion
– Nach der Kommunion
– Schlußlied
– Treffen von Kindergruppen, Gemeinschaftstagen

Anmerkung:
Kleine Kinder haben manchmal Hemmungen, andere anzufassen. Dieses Lied kann sie behutsam in die Gemeinschaft einbinden.

21 Viele kleine Leute

Kanon für 4 Stimmen

Nach einem afrikanischen Sprichwort (Rotenburg 85).
Musik: Detlev Jöcker,
aus: MC und Liedheft „Deine Welt ist meine Welt",
Rechte: Menschenkinder Verlag, 48157 Münster.

Tanz 1: Am Platz für die gesamte Gemeinde

Als Kanon bis zu 4 Stimmen möglich:
Die Gemeinde wird in Blöcke aufgeteilt.

Bewegung:
1. Viele kleine Leute

Wir zeigen mit dem Zeigefinger
auf viele verschiedene Leute in
der Kirche, die wir dabei auch ansehen.

2. an vielen kleinen Orten,	*Mit beiden Handinnenflächen nach unten zeigen wir vor unserem Körper glatte Flächen (wischen).*
3. die viele kleine Schritte tun,	*Wir laufen feste auf der Stelle.*
4. können das Gesicht der Welt verändern.	*Klatschen.*

·····
····· **Tanz 2: Frei im Raum**
·····

Nicht als Kanon

Alter: Ab Kindergarten

Anzahl: Beliebig

Ausgangsposition: Kinder sind verteilt im Raum.

Bewegung:

1. Viele kleine Leute	*Die Kinder gehen frei durch den Raum.*
2. an vielen kleinen Orten,	*Je 2 (oder 3) Kinder finden sich zusammen.*
3. die viele kleine Schritte tun,	*Sie stampfen auf den Boden (gehen am Platz).*
4. können das Gesicht der Welt verändern.	*Sie fassen einander an und drehen sich im Kreis.*

Wieder voneinander trennen und neu beginnen!

Einsatzmöglichkeiten:
Tanz 1: – Im Wortgottesdienst (wenn er thematisch eingebunden wird)
       – Nach der Kommunion
       – Zur Sendung, das heißt als Schlußlied
Tanz 2: – Gemeinschaftstage, -feiern, Lager
       – Zur Begrüßung in einer Gruppe, zum „Warmwerden"
       – Zum Abschluß eines Gruppengottesdienstes oder einer Gruppenfeier

22 Kommt, sagt es allen Leuten

Kommt, sagt es al - len Leu - ten, helft, daß es auch die

Blin - den sehn._ Kommt, sagt es al - len Leu - ten, der

Herr ist hier - bei uns. Öff - ne dei - ne Oh - ren, und

tu nicht län - ger taub. Wer Oh - ren hat zu

hö - ren, spürt es, der Herr ist da. Ja!

Alle: Kommt, sagt es allen Leuten …
Chor: 2. Du hast einen Bruder, er steht jetzt neben dir,
        du brauchst ihn nur zu lieben, und nahe ist der Herr. Ja!

Alle: Kommt, sagt es allen Leuten …
Chor: 3. Gib dein Brot den Armen, dem Bruder in der Not.
Kaum hast du es gegeben, wird Christus vor dir stehn. Ja!

Alle: Kommt, sagt es allen Leuten …
Chor: 4. Bring ihm deine Gaben, und gib dich ganz ihm hin.
Verschenk an ihn dein Leben, und er gehört ganz dir. Ja!

Alle: Kommt, sagt es allen Leuten …
Chor: 5. Laß dich von ihm rufen, nimm mit uns Platz am Tisch!
Im Brote, das wir essen, kommt Christus jetzt zu uns. Ja!

Alle: Kommt, sagt es allen Leuten …
Chor: 6. Er ist jetzt verborgen, du kannst ihn noch nicht sehn.
Doch einmal wird er kommen, drum halte dich bereit! Ja!

Alle: Kommt, sagt es allen Leuten …

Satz und deutscher Text: L. Hoffmann / Fr. Mausberg / K. Norres / L. Schuhen,
Musik: Spiritual,
© *Edition Werry, Mülheim/Ruhr.*

⭘ Kreistanz

Paarweise – mit Kette

Alter: Ab 9 Jahre

Anzahl: Eine gerade Personenzahl, mindestens 8

Ausgangsposition:
Auf der Kreislinie stehen 2 Kinder einander gegenüber und geben sich die
rechte Hand. Eines schaut in Tanzrichtung nach rechts (gegensonnen), eines
nach links (mitsonnen). Die Kette muß den Kindern gut bekannt sein. Zuvor
üben!
Hilfreich ist die Kennzeichnung der Tanzenden mit farbigen Tüchern (z. B.:
„Die mit Tuch gehen nach links!“).

Bewegung:
Zum Refrain:
Kommt, sagt es allen Leuten, helft,
daß es auch die Blinden sehen.
Kommt, sagt es allen Leuten,
der Herr ist hier bei uns.

Die Tanzenden gehen eine Kette: Sie ge-
hen am Partner, an der Partnerin mit der
rechten Schulter vorbei, lösen die Hand-
haltung, fassen mit der linken Hand den
entgegenkommenden Tänzer, die Tänze-

rin und gehen an diesem, dieser mit der linken Schulter vorbei. Sie lösen die Handhaltung und fassen mit der rechten Hand den entgegenkommenden Tänzer bzw. Tänzerin usw. Der, die einzelne geht immer in dieselbe Richtung.

Je Takt 4 Schritte und 1 Begegnung. Die 1. Person zählt mit. Bei der 8. Begegnung stehenbleiben, Handfassung.

Zu den Strophen:
1. Öffne deine Ohren, und
   tu nicht länger taub.
   Wer Ohren hat zu hören,
   spürt es, der Herr ist da.

Je 2 Tanzende drehen sich auf der Kreislinie um sich selbst: erst rechtsherum, dann linksherum.

Ja!

Jetzt stehen alle wieder in Ausgangsposition! Wer vorher nach rechts schaute, tut es jetzt auch! Wir reichen einander die rechte Hand.

Refrain:
Kommt ...

Kette gehen. Die Tanzenden, die sich miteinander gedreht haben, zählen als 1. Begegnung.

Bedeutung:
Die Tanzenden tragen durch die Begegnungen die Frohe Botschaft weiter. Die Botschaft selbst „berichten" sie ihrem jeweiligen Gegenüber während der Strophen.

Einsatzmöglichkeiten:
Je nach Text der Strophen:
– Eröffnung
– Antwortgesang zur Lesung
– Gabenbereitung
– Kommunioneinladung

Anmerkung:
Ein Chor oder die Gemeinde muß die Tanzgruppe mit ihrem Gesang unterstützen, da die Tanzenden den Text sicher nicht auswendig kennen.
Dieselbe Tanzform ist möglich zu dem Lied: **Komm, sag es allen weiter, ruf es in jedes Haus hinein!** (zu finden u. a. in der Mundorgel).

23 O Herr, wir loben und preisen dich (GL 504)

Text: Josef Klein und Heinrich Rohr, Musik: Heinrich Rohr,
aus: „50 Gesänge zu Meßfeier und Wortgottesdienst",
Rechte: Christophorus-Verlag, Freiburg.

  Am Platz für die gesamte Gemeinde

Bewegung:

O Herr, wir loben und preisen dich	*Beide Arme hochheben und zweimal wiegen: re – li.*

und danken dir von Herzen.	*Arme herunternehmen, vor der Brust überkreuzen, dabei leicht verneigen.*

Bedeutung:
Lob- und Dankgeste

Einsatzmöglichkeiten:
– Eröffnung
– Gloria
– Gabenbereitung
  (je nach Textvariation des Gotteslobes)

Anmerkung:
Eine Vorsängerin, ein Vorsänger oder Chor singt die Strophen. Die Gemeinde singt und tanzt den Kehrvers.

24 Macht es wie die Kinder

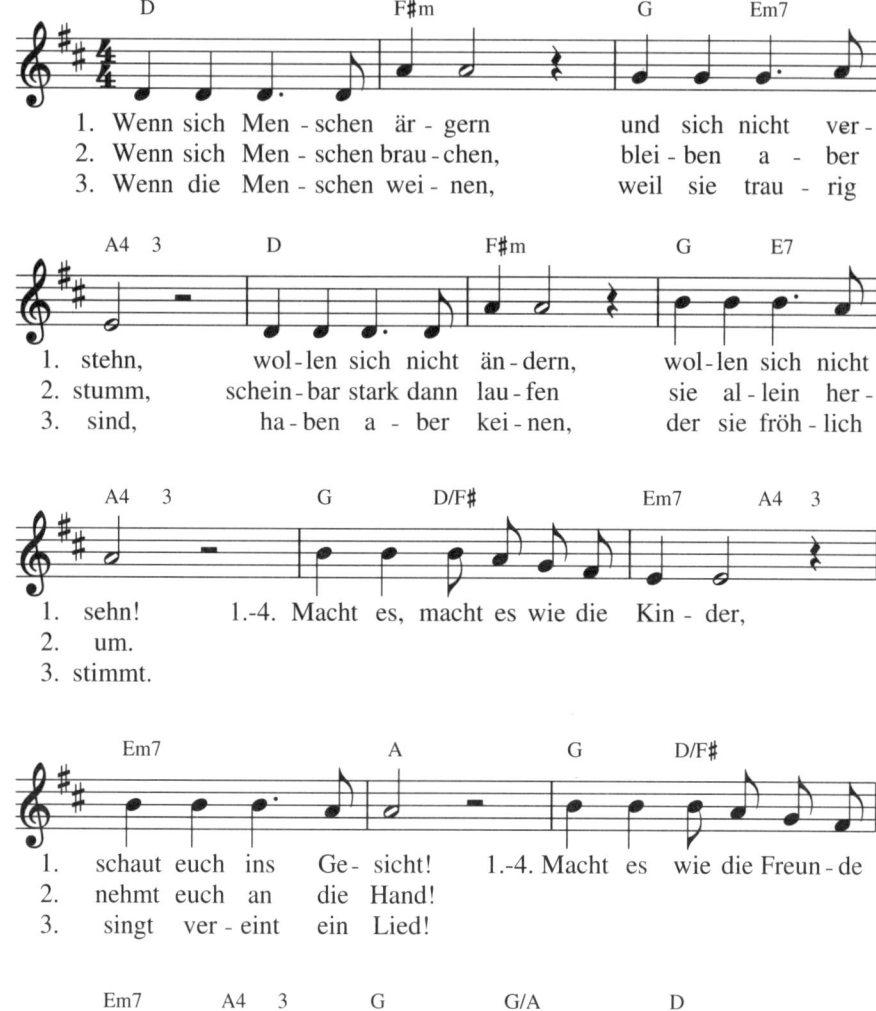

1. Wenn sich Men - schen är - gern und sich nicht ver -
2. Wenn sich Men - schen brau - chen, blei - ben a - ber
3. Wenn die Men - schen wei - nen, weil sie trau - rig

1. stehn, wol - len sich nicht än - dern, wol - len sich nicht
2. stumm, schein - bar stark dann lau - fen sie al - lein her -
3. sind, ha - ben a - ber kei - nen, der sie fröh - lich

1. sehn! 1.-4. Macht es, macht es wie die Kin - der,
2. um.
3. stimmt.

1. schaut euch ins Ge - sicht! 1.-4. Macht es wie die Freun - de
2. nehmt euch an die Hand!
3. singt ver - eint ein Lied!

1.-4. Je - su, 1. schaut euch ins Ge - sicht!
2. nehmt euch an die Hand!
3. singt ver - eint ein Lied!

4. Wenn sich Menschen fragen: „Hab' ich einen Sinn?"
   Wenn die Zweifel nagen, wer ich wirklich bin:
   Macht es, macht es wie die Kinder, hört euch wirklich zu!
   Macht es wie die Freunde Jesu, hört euch wirklich zu.

Text und Musik: Ulrich Walters,
Rechte beim Autor.

⭕ Kreistanz

<u>Alter:</u> Grundschule

<u>Anzahl:</u> Ab 6 Tanzende

<u>Ausgangsposition:</u>
Kreis, nicht angefaßt, Front nach links, mitsonnen.

<u>Bewegung:</u>

Wenn sich Menschen ärgern	*4 Gehschritte allein auf der Kreislinie nach links (mitsonnen).*	
und sich nicht verstehn,	*Mit 4 Schritten eine ganze Linksdrehung um die Körperachse am Platz.*	
wollen sich nicht ändern,	*Weiter 4 Schritte allein auf der Kreislinie nach links.*	
wollen sich nicht sehn.	*Mit 4 Schritten eine 3/4-Drehung linksherum am Platz, Front zeigt jetzt zur Kreismitte.*	
Macht es, macht es wie die Kinder,	*4 Gehschritte zur Kreismitte.*	
schaut euch ins Gesicht!	*4 Gehschritte nach rechts, auf einer inneren Kreislinie, dabei die Hände zum Kreis durchfassen.*	
Macht es wie die Freunde Jesu,	*4 Schritte rückwärts zur äußeren Kreislinie, angefaßt bleiben.*	

schaut euch ins Gesicht! *4 Schritte nach rechts auf der Kreislinie.*

2. und folgende Strophen: Handhaltung sofort lösen und neu beginnen: einzeln auf der Kreislinie nach links gehen.

Bedeutung:
Ruhig, besinnlich und einfach. Der erste Liedteil drückt die Traurigkeit und das Alleinsein aus, die Bewegung ist mitsonnen, dem Abend entgegen.
In der Mitte des Liedes tritt ein Wechsel ein. Menschen gehen aufeinander zu, schließen sich zusammen und bewegen sich der Sonne, der Kraft, dem Guten entgegen.
Durch das gleichmäßige Schreiten führt der Tanz zur Ruhe und Besinnung.

Einsatzmöglichkeiten:
– Bußakt
– Zwischengesang
– Meditativ nach der Kommunion
– Kinderwortgottesdienst zur Einstimmung
– Bußgottesdienst
– Im Zusammenhang mit dem Vaterunser, um sich als Kinder Gottes zu erfahren

Ornamentik des Tanzwegs:

25 Kyrie eleison

Ky - ri - e   e - lei - son,   Ky - ri - e   e - lei - son,
Chri - ste   e - lei - son,   Chri - ste   e - lei - son,

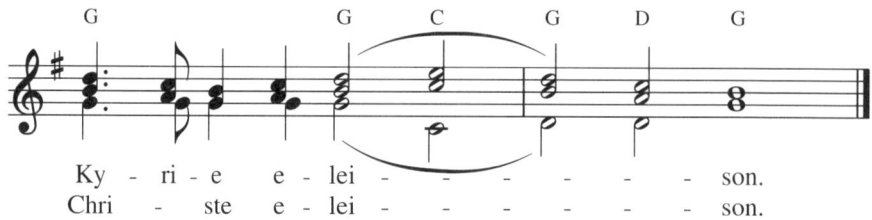

Ky - ri - e   e - lei - - - - - - son.
Chri - ste   e - lei - - - - - - son.

2. Strophe: „Christe eleison ..."
3. Strophe: „Kyrie eleison ..."

Volkstümliche russische Melodie.

Die Anrufungen können beliebig oft wiederholt werden.

 Tanz 1: Prozessionstanz

<u>Alter:</u> Grundschule

<u>Anzahl:</u> Beliebig

<u>Ausgangsposition:</u>
Die Tanzenden stehen hintereinander in einer Reihe. Entweder Handfassung
oder die rechte Hand liegt auf der linken Schulter des vorderen Tänzers, der
vorderen Tänzerin.

<u>Bewegung:</u>

Kyrie eleison	*Der rechte Fuß tippt viermal auf den Boden und bezeichnet damit die 4 Eckpunkte eines Kreuzes: vorn, hinten, rechts, wieder anstellen. Je halber Notenwert einmal auftippen.*	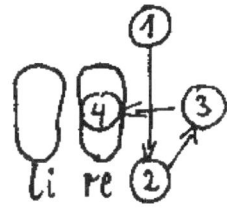
Kyrie eleison	*Der linke Fuß tippt jetzt viermal auf den Boden und bezeichnet damit die vier Eckpunkte eines Kreuzes: vorn, hinten, links, wieder anstellen.*	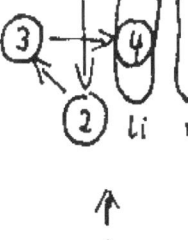
Kyrie eleison	*4 Nachstellschritte: re vor – li an.*	
2. Christe eleison	*(Bewegungen wie vor)*	
3. Kyrie eleison	*(Bewegungen wie vor)*	

Tanz 2: Am Platz für die gesamte Gemeinde

Bewegung:

Kyrie eleison

Der rechte Fuß tippt viermal auf den Boden und bezeichnet damit die 4 Eckpunkte eines Kreuzes: vorn, hinten, rechts, wieder anstellen. Je halber Notenwert einmal auftippen.

Kyrie eleison

Der linke Fuß tippt jetzt viermal auf den Boden und bezeichnet damit die 4 Eckpunkte eines Kreuzes: vorn, hinten, links, wieder anstellen.

Kyrie eleison

Alle verneigen sich leicht.

2. Christe eleison ...   *(Bewegungen wie vor)*
3. Kyrie eleison ...   *(Bewegungen wie vor)*

Bedeutung:

Wir zeichnen mit den Füßen die Eckpunkte eines Kreuzes auf den Boden. Dabei ist es oft nicht leicht, das Gleichgewicht zu halten. Kreuz und Leid erschweren unseren Lebensweg, bringen uns leicht zu Fall. Wir wenden uns mit unseren Nöten – denen, die wir verursachen und denen, die wir ertragen – an Jesus, der alle unsere Kreuze annehmen und in Heil verwandeln kann.

Einsatzmöglichkeiten:

Tanz 1: – Bußakt (Schuldbekenntnis)
 – Zum Kyrie, besonders, wenn der Bußgedanke im Mittelpunkt steht
 – Bußgottesdienst: Während einer Zeit meditativen Nachdenkens über eigenes Versagen können einige Kinder in einer Prozession zum Mikrofon gehen und von dort Vergebungsbitten vortragen.
 – In der Fastenzeit (Passion): Mehrere Kinder kommen aus 4 Richtungen auf eine Mitte zu. In der linken Hand haben sie einen Stein. Wenn sie sich begegnen, legen sie die Steine in Kreuzform auf den Boden und gehen mit dem Tanzschritt zurück.

Tanz 2: – Während einige Tanzende sich zu dem Liedruf nach Tanz 1 bewegen, kann die Gemeinde am Platz die Bewegungen des „Kreuzzeichens" mitvollziehen.
 – Kyrie-Anrufungen oder Bußgedanken können zwischen den Liedstrophen gesprochen werden.

26 Christus, Herr, erbarme dich (GL 506)

V: 1. Chri - stus, Herr, er - bar - me dich. A: Chri - stus, Herr, er -
V: 2. Ky - ri - e e - lé - i - son. A: Ky - ri - e e -

bar - me dich. Chri - stus, Herr, er - bar - me dich.
lé - i - son. Ky - ri - e e - lé - i - son.

V: Chri - stus, er - bar - me dich. A: Chri - stus, er -
V: Chri - ste e - lé - i - son. A: Chri - ste e -

bar - me dich. Chri - stus, er - bar - me dich.
lé - i - son. Chri - ste e - lé - i - son.

V: Chri - stus, Herr, er - bar - me dich. A: Chri - stus, Herr, er -
V: Ky - ri - e e - lé - i - son. A: Ky - ri - e e -

bar - me dich. Chri - stus, Herr, er - bar - me dich.
lé - i - son. Ky - ri - e e - lé - i - son.

Musik: Heinrich Rohr,
Rechte: Christophorus-Verlag, Freiburg.

◼ Am Platz für die gesamte Gemeinde

Bewegung:
Christus, Herr, erbarme dich.   *Einen Arm hochheben.*

Christus, Herr, erbarme dich.   *Den anderen Arm*
auch hochheben.

Christus, Herr, erbarme dich.   *Hände dicht am Körper*
herunternehmen, als wolle man
das Erbarmen Gottes über sich
streifen.

Die Bewegungen bei den nächsten beiden Anrufungen wiederholen!

Einsatzmöglichkeiten:
– Zum Kyrie
– Zu den Fürbitten
  (jeweils mit Zwischentext möglich)

27 Ehre sei Gott (GL 507)

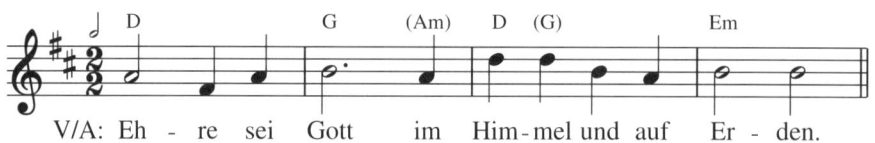

V/A: Eh - re sei Gott im Him-mel und auf Er - den.

V: Dich will ich lo - ben, dich will ich prei - sen.

A   Ehre sei Gott im Himmel und auf Erden.
V   Dir will ich singen, dir will ich danken.   A   Ehre …

V	Gott, unser Vater, du bist allmächtig.	A	Ehre …
V	Herr Jesus Christus, du unser König.	A	Ehre …
V	Herr, du bist heilig, du bist barmherzig.	A	Ehre …
V	König im Himmel, König auf Erden.	A	Ehre …
V	Du bist der Höchste immer und ewig.	A	Ehre …

Text: Josef Klein und Heinrich Rohr, Musik: Heinrich Rohr,
aus: „50 Gesänge zu Meßfeier und Wortgottesdienst",
Rechte: Christophorus-Verlag, Freiburg.

Am Platz für die gesamte Gemeinde

Eine Vorsängerin, ein Vorsänger oder Chor singt die Strophen, die Gemeinde singt und tanzt den Kehrvers.

Bewegung:

Ehre sei Gott	*Klatschen, dabei die Hände von unten nach oben führen.*	
im Himmel	*Beide Hände zeigen nach oben. Alle schauen auch nach oben.*	
und auf Erden.	*Beide Hände nach unten führen.*	

Bedeutung:
Durch Klatschen wird Freude, durch die erhobenen Hände Lob ausgedrückt.
Der dritte Teil verbindet Himmel und Erde.

Einsatzmöglichkeit:
– Gloria

28 Lobet und preiset ihr Völker den Herrn (GL 282)

Kanon für 3 Stimmen

1. Lo - bet und prei - set, ihr Völ - ker, den Herrn.
2. Eh - re sei e - wig dem Herr - scher der Welt,

Freu - et euch sei - ner und die - net ihm gern.
der sie er - schaf - fen und e - wig er - hält!

All ihr Völ - ker, lo - bet den Herrn.
Ihm sei Eh - re, sein ist die Welt.

Text und Melodie mündlich überliefert.

⭕ Kreistanz: Kanon zu 3 Stimmen

<u>Alter:</u> Grundschule

<u>Anzahl:</u> Durch 3 teilbar, mindestens 9 Tanzende

<u>Ausgangsposition:</u>
Kreis, nicht angefaßt, Front zur Kreismitte. Durchzählen:
1, 2, 3, 1, 2, 3 … Alle der Gruppe 1 beginnen, nach 4
Takten setzt Gruppe 2 ein, nach weiteren 4 Takten
Gruppe 3.

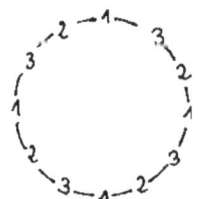

<u>Bewegung:</u>
1. Lobet und preiset,   *4 Schritte zur Kreismitte.*
   ihr Völker den Herrn.

2. Freuet euch seiner,
   und dienet ihm gern.

4 Schritte zurück zur Kreislinie.

3. All ihr Völker,
   lobet den Herrn.

*2 Drehungen am Platz, rechtsherum,
mit erhobenen Armen.*

Einsatzmöglichkeiten:
– Eröffnung
– Gloria

29 Vom Aufgang der Sonne

Kanon für 4 Stimmen

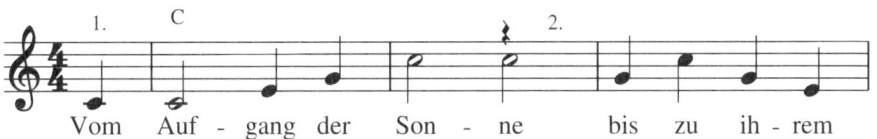

Text: Psalm 113, 3, Kanon: Paul Ernst Ruppel,
aus: Paul Ernst Ruppel, Kleine Fische,
© Möseler Verlag, Wolfenbüttel.

|||| **Als Block in 4 Reihen nebeneinander: Kanon zu 4 Stimmen**

Alter: Grundschule

Anzahl: Mindestens 4 Personen, möglichst eine durch 4 teilbare Anzahl.

<u>Ausgangsposition:</u>
Die Tanzenden stehen entweder einzeln im Kreis oder als Block in 4 beliebig langen Reihen nebeneinander. Die von den Tanzenden aus gesehen rechte Reihe beginnt, dann die zweite usw. Die Bewegungen setzen sich wellenartig durch die vier Gruppen fort.

<u>Bewegung:</u>

1. Vom Aufgang der Sonne

Beginn in gebeugter Haltung mit den Fingern links neben den Schuhen:
Mit den Händen einen großen Kreisbogen beschreiben, bis die Hände gestreckt über dem Kopf sind, und den Körper dabei aufrichten.

2. bis zu ihrem Niedergang

Den Kreisbogen fortsetzen, bis die Hände rechts neben den Schuhen am Boden ankommen.

3. sei gelobet der Name des Herrn,

Vor der Körpermitte beide Arme hochheben, bis sie zum Himmel zeigen.

4. sei gelobet der Name des Herrn.

Mit erhobenen Händen wiegen:
| re – li | re – li |.

Sofort von neuem beginnen.
Alle Bewegungen sollen möglichst synchron und fließend erfolgen.

<u>Bedeutung:</u>
Der Lauf der Sonne wird angezeigt als ein Auf- und Untergehen, und das Lob des Schöpfers wird ausgedrückt.

<u>Einsatzmöglichkeiten:</u>
– Eröffnung (besonders schön an Sonnentagen)
– Gloria

30 Halleluja

Kanon für 2 Stimmen

Hal - le - lu - ja, Hal - le - lu, Hal - le - lu - ja,

Hal - le - lu - ja, Hal - le - lu - ja, Hal - le - lu - ja, Hal - le -

lu, Hal - le - lu - ja, Hal - le - lu - ja, Hal - le - lu - ja!

Hal - le - lu - ja, Hal - le - lu - ja, ____

Hal - le - lu - ja, Hal - le - lu - ja, Hal - le - lu - ja!

Englischer Lobgesang.

⭕ <u>Kreistanz in 2 Gruppen</u>

<u>Alter:</u> Grundschule

<u>Anzahl:</u> Eine gerade Anzahl, mindestens 8 Tanzende

<u>Ausgangsposition:</u>
Kreis, nicht angefaßt, Front zur Kreismitte. Durchzählen: 1, 2, 1, 2 … Alle
der Gruppe 1 treten zwei Schritte vor. Die Tanzenden stehen jetzt versetzt
hintereinander in einem inneren und einem äußeren Kreis.

<u>Bewegung:</u>

	Außenkreis:		**Innenkreis:**	
Halleluja, halleluja, halleluja,	*4 Gehschritte zur Kreismitte, Arme sind unten.*		*4 Gehschritte rückwärts zur Kreislinie. Arme erhoben, Handinnenflächen nach außen. Es entsteht ein Tor.*	
halleluja, halleluja,	*Arme hoch und wiegen: re – li – re – li.*		*Mit 4 Schritten eine Rechtsdrehung am Platz. Der rechte Arm liegt am Körper an. Der linke Arm wird einladend seitlich ausgestreckt.*	
halleluja, hallelu, halleluja,	*4 Gehschritte zurück zur Kreislinie. Handflächen erhoben nach außen drehen. Es entsteht ein Tor.*		*4 Gehschritte zur Kreismitte. Die Arme sind unten.*	
halleluja, halleluja.	*Mit 4 Schritten eine Rechtsdrehung am Platz. Der rechte Arm liegt am Körper an. Der linke Arm wird einladend seitlich ausgestreckt. Die Bewegungen sofort von neuem beginnen!*		*Arme hoch und am Platz wiegen: re – li – re – li.*	

<u>Bedeutung:</u>
Ein Lob Gottes. Wie durch Tore schreiten die Tanzenden in „das neue Jerusalem" oder „das Heiligtum", um Gott zu loben.

<u>Einsatzmöglichkeiten:</u>
– Gloria
– Vor dem Evangelium
– Weihnachtszeit
– Osterzeit
– Immer, wenn Gott gelobt werden soll

Als <u>Sanctus-Lied</u> empfiehlt sich folgende Textvariation:

Heilig ist Gott, heilig, heilig ist der Herr!
Singt ihm und jubelt: Hosanna!
Heilig ist Gott, heilig, heilig ist der Herr,
halleluja, halleluja.
Halleluja, halleluja. Halleluja. Halleluja, halleluja.

<u>Anmerkung:</u>
Wird das Lied als Kanon gesungen, beginnt der Außenkreis mit dem 1. und
der Innenkreis sofort mit dem 2. Liedteil.

31 Heilig, heilig, heilig (GL 510)

V/A: Hei - lig, hei - lig, hei - - lig.

V: 1. Du bist der Herr der Scha - ren, der Herr der gan - zen Welt.

A: Heilig, heilig, heilig.

V/A: Ho - san - na, wir lo - ben dich, Ho - san - na, gro - ßer Gott!

V 2. All deine Werke künden: Du bist groß und schön.
A   Hosanna …

V 3. Du sendest uns den Heiland, Jesus, deinen Sohn.
A   Hosanna …

V 4. Er kommt in deinem Namen. Ihm sei Lob und Preis!
A   Hosanna …

Text: Josef Klein und Heinrich Rohr,
aus: „50 Gesänge zu Meßfeier und Wortgottesdienst",
Rechte: Christophorus-Verlag, Freiburg.

Ein Chor oder eine Vorsängerin, ein Vorsänger singt die Zwischenverse. Wenn die Gemeinde singt, unterstreicht sie ihren Gesang durch die Bewegungen.

Bewegung:

Heilig, heilig, heilig.   *Beide Arme hochheben.*

Hosanna, wir loben dich,   *Klatschen.*
Hosanna, großer Gott!

Einsatzmöglichkeit:
– Sanctus

32 Heilig als Lichtertanz

Text: Liturgie, Musik: Heino Schubert 1972,
Rechte beim Autor.

102

⭘ **Kreistanz**

Alter: Ab 6 Jahre

Anzahl: Ab 4 Tanzende

Ausgangsposition:
Die Tanzenden stehen mit Lichtern in der rechten Hand um den Altar. Die Kirche ist möglichst dunkel.

Bewegungen (nur mit den Armen auszuführen):

Heilig, heilig, heilig Gott, Herr, aller Mächte und Gewalten.	*Kreisbogen nach rechts und oben* *(Das Licht rechts seitlich in die Höhe führen, zur Körpermitte und nach unten).*

Erfüllt sind Himmel und Erde von deiner Herrlichkeit.	*(Das Licht in die linke Hand geben.)* *Kreisbogen nach links und oben* *(Das Licht links seitlich in die Höhe führen, zur Körpermitte und nach unten.)*

Hosanna in der Höhe.	*Gerade hoch* *(Mit beiden Händen das Licht fassen und hochheben.)*

Hochgelobt sei, der da kommt im Namen des Herrn.	*Vor Körperachse nach unten* *(Mit beiden Händen nach unten führen.)*

Hosanna in der Höhe.	*Lichtkette bilden* *Hände auf Taillenhöhe seitlich öffnen und die linke Hand, in der das Licht ist, auf die offene rechte Hand des Nachbar-tänzers, der Nachbartänzerin legen.*

Die Bewegungen sind langsam zu vollziehen und richten sich vornehmlich nach dem Text. Kurze Bewegungspausen sind zu akzeptieren. Der Tanz gewinnt an Ausdruck, wenn die Tanzenden die Lichter ansehen, während sie sie bewegen.

Andere geeignete Lieder zu obengenannten Bewegungen:
Heilig, heilig, heilig Gott, Paulus Messe, GL 438
Heilig, heilig, heilig, Herr, GL 491
Heilig, heilig, heilig ist Gott, GL 481
Heilig, heilig, heilig bist du, Heidelberger Kindermesse

Zum Heilig der Heidelberger Kindermesse werden die Bewegungen auf die
2 Strophen aufgeteilt.

Heilig, heilig, heilig bist du,	*Kreisbogen nach*
Himmel und Erde dich preisen.	*rechts / oben / herunter.*
Heilig, heilig, heilig bist du,	*Kreisbogen nach*
rufen wir Kinder dir zu	*links / oben / herunter.*
Willkommen bist du, Herr Jesus Christ,	*Gerade hoch*
hier nun in unserer Mitte.	*herunter*
Willkommen bist du, Herr Jesus Christ,	*seitwärts als Kette*
sei von uns Kindern gegrüßt.	*stehen.*

Einsatzmöglichkeiten:
Das Sanctus mit Lichtern sollte nur in Festmessen getanzt werden, um seinen
besonderen Charakter zu wahren. Dabei ist Gesang dem gesprochenen Text
vorzuziehen.

Das Sanctus muß eingebettet sein in das gesamte Hochgebet. Sinnvoll ist es, die Kinder nach dem Gabengebet zum Altar kommen zu lassen. Mit den Lichtern in den Händen hören sie die Präfation, das Dankgebet. Zum Heilig bewegen sie die Lichter und bleiben als Lichtkette stehen bis zur Akklamation „Deinen Tod, o Herr, verkünden wir". Dann können sie die Lichter vor sich halten bis zum Schluß des Hochgebetes mit dem großen Lobpreis: „Durch ihn und mit ihm …". Danach stellen sie die Lichter auf den Altar.

Variation:
Die Kinder lesen zur Präfation einen Dank vor, der sich auf die Kerze und das Meßthema bezieht, und stellen sich dann mit dem Licht auf.
Z. B.: „Mein Licht brennt als Dank für die Erde, die Gott gemacht hat." „Mein Licht brennt als Dank für Jesus, dessen Geburtstag wir heute feiern."

33 Wir preisen deinen Tod

Kanon für 2 Stimmen

Text: Christine Gaud, Musik: Michel Wackenheim, Übersetzung: Diethard Zils,
aus: Mein Kanonbuch, 1986, Textrechte: unbekannt, Musikrechte: unbekannt,
Rechte für die Übersetzung: tvd-Verlag, Düsseldorf.

▪ Am Platz für die gesamte Gemeinde

<u>Bewegung:</u>

1. Wir preisen deinen Tod.

Die Hände zeigen zum Boden,
wir neigen uns leicht.

2. Wir glauben, daß du lebst.

Die Hände zeigen zum Himmel,
wir schauen nach oben.

3. Wir hoffen, daß du kommst,

Die Hände zeigen nach vorn,
wir schauen nach vorn
in Richtung Altar.

4. zum Heil der Welt.

Wir zeigen mit den Händen
eine Weltkugel.

5. Komm, o Herr, bleib bei uns.
   Komm, o Herr,

Die Hände bilden vor dem
Körper eine Schale.

6. Leben der Welt.

Die Hände können noch einmal
eine Weltkugel zeigen.

<u>Bedeutung:</u>

Dem Liedruf liegt der Text der Akklamation (Zuruf) nach den Einsetzungsworten im Hochgebet zugrunde: „Deinen Tod, o Herr, verkünden wir, und deine Auferstehung preisen wir, bis du kommst in Herrlichkeit." Mit dem Körper deuten wir den Tod Jesu an, seine Auferstehung und Himmelfahrt und die offene Erwartung seiner Wiederkehr. Wir deuten zugleich auf den Herrn, der auf dem Altar anwesend ist in den heiligen Zeichen, und öffnen uns für die Begegnung mit ihm.

<u>Einsatzmöglichkeiten:</u>

– Während des Hochgebetes. In vielen Gemeinden ist es üblich, die Kinder während des Hochgebets den Altar umstehen zu lassen. Das Lied und die Gesten unterstützen die Gemeinde, bewußt und tätig am wesentlichen Ge-

schehen teilzunehmen. Im Knien sind diese Gesten schlecht mitzuvollziehen, doch ist es in manchen Gemeinden Gewohnheit, zur Akklamation aufzustehen, was liturgisch richtig ist. Der weitere Teil des Hochgebetes wird dann stehend gehört.
– Einladung zur Kommunion

34 Herr, gib uns deinen Frieden

Am Platz für die gesamte Gemeinde

Kanon zu 4 Stimmen möglich (blockweise aufgeteilt)

Bewegung:

Herr, gib uns deinen Frieden.	*Arme hochheben.*
Gib uns deinen Frieden.	*Arme nah am Körper herunternehmen.*
Frieden, gib uns deinen Frieden.	*Die links und rechts Stehenden anfassen.*
Herr, gib uns deinen Frieden.	*Angefaßt stehenbleiben. Einander anschauen.*

Text: Wolfgang Poeplau, Musik: Ludger Edelkötter,
aus: Weil du mich so magst / Wir sind Kinder dieser Erde (IMP 1036/1045),
alle Rechte im IMPULSE-Musikverlag, 48317 Drensteinfurt.

Bedeutung:
Wir erbitten Frieden von Gott und sind bereit, diesen Frieden weiterzugeben und miteinander Frieden zu halten.

Einsatzmöglichkeit:
– Friedensgruß

35 Hevenu shalom alejchem

1. Wir brin-gen Frie - den für al - le, wir brin-gen
2. He - ve - nu sha - lom a - lej-chem, he - ve - nu

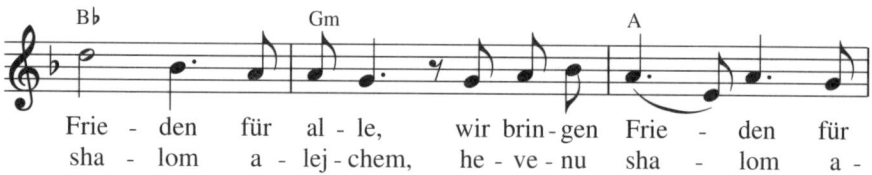

Frie - den für al - le, wir brin-gen Frie - den für
sha - lom a - lej-chem, he - ve - nu sha - lom a -

al - le, wir brin-gen Frie-den, Frie-den, Frie-den je-der-mann.
lej-chem, he - ve - nu sha-lom, sha-lom, sha-lom a - lej-chem.

Aus Israel.

 Tanz 1: Prozessionstanz

<u>Alter:</u> Grundschule

<u>Anzahl:</u> Beliebig

<u>Ausgangsposition</u>
In einer Reihe hintereinander, beide Hände liegen auf den Schultern der vorderen Tänzerin, des vorderen Tänzers. Die erste, der erste hält die Hände in Orantehaltung (Gebetshaltung).

<u>Bewegung:</u>
Nach dem Auftakt auf „Shalom" beginnen:
1. Takt: *rechts vor, links vor, rechts vor, auf rechts am Platz hüpfen.*
2. Takt: *links vor, rechts vor, links vor, auf links am Platz hüpfen usw.*
| *re – li – re – re | li – re – li – li |.*

<u>Bedeutung:</u>
Wir bringen freudig den Frieden zu den anderen.

Einsatzmöglichkeiten:
– Zum Friedensgruß
  (Kinder können vom Altar aus in die Gemeinde tanzen.)

⭕ Tanz 2: Kreistanz

Alter: Ab 8 Jahre

Anzahl: Ab 5 Tanzende

Ausgangsposition:
Kreis, Front zur Kreismitte, angefaßt.

Bewegung:
Die Schrittfolge ist wie beim Prozessionstanz beschrieben: 3 Gehschritte und ein Hüpfer auf dem belasteten Fuß. Nach dem Auftakt auf „Shalom" beginnen:

1. Takt: *Schräg vor zur Kreismitte: re vor, li vor, re vor, auf re am Platz hüpfen, dabei eine leichte Linksdrehung vollführen, so daß jetzt die Front zur Kreismitte zeigt.*

2. Takt: *Gerade zurück zur Kreislinie: li rück, re rück, li rück, auf li am Platz hüpfen, dabei eine leichte Rechtsdrehung vollführen, so daß jetzt die Front wieder schräg zur Kreismitte zeigt.*

Takte 1 und 2 wiederholen.
| re – li – re – re | li – re – li – li |.

Wichtig! Beim Hüpfer wird der Fuß nicht gewechselt.

Bedeutung:
Wir gehen fröhlich aufeinander zu und wieder zurück und kommen dabei langsam in der Tanzrichtung weiter.
Diese Schrittfolge läßt sich auf jede fröhliche Folkloremusik tanzen. Ebenso eignet sie sich zu Liedern, die Freude ausdrücken, wie z. B.:

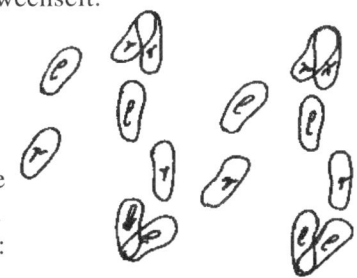

Froh zu sein bedarf es wenig, und wer froh ist, ist ein König (in der Mundorgel zu finden);

Fröhlich sein, Gutes tun, und die Spatzen pfeifen lassen (Don Bosco), vertont von Ludger Edelkötter, auf der MC „Ich schenke euch mein ganzes Leben", Impulse-Verlag Drensteinfurt.

36 Den bunten Frieden, den Freudefrieden

Kanon für 2 od. 4 Stimmen

Den bun - ten Frie - den, den Freu - de - frie - den, den
tan - zen wir in die Welt hin - ein, Welt hin - ein.
Gott hält uns - 're Hän - de, die Angst ist zu En - de,
Herr, hilf uns dein Frie - de, dein Bo - te zu sein!

Text: Kurt Rose, Musik: Detlev Jöcker,
Rechte: Menschenkinder Verlag, 48157 Münster.

○ Tanz 1: Kreistanz

<u>Kanon zu 2 Stimmen möglich:</u> Tanzbar als Innen- und Außenkreis oder in
mehreren Kreisen.

<u>Alter:</u> Ab Kindergarten

<u>Anzahl:</u> Ab 5 Tanzende, als Kanon ab 12 Tanzende

<u>Ausgangsposition:</u>
Kreis, angefaßt, Front in Tanzrichtung nach rechts.

Bewegung:

1. Den bunten Frieden,   *16 schnelle Gehschritte*
   den Freudefrieden,   *in Tanzrichtung – gegensonnen*
   den tanzen wir   *(nach rechts).*
   in die Welt hinein.   *| re – li – re – li |.*

   Den bunten Frieden,   *16 schnelle Gehschritte*
   den Freudefrieden,   *– mitsonnen (nach links).*
   den tanzen wir   *| re – li – re – li |.*
   in die Welt hinein.

2. Gott hält unsre Hände,   *Am Platz wiegen:*
   die Angst ist zu Ende,   *| re – li | re – li |.*
                            Dabei spüren wir fest
                            die Hände der
                            Nebenstehenden.

   Herr, hilf uns dein   *Weiter am Platz wiegen:*
   Friede, dein Bote   *| re – li | re – li |,*
   zu sein!   *dabei recken wir die*
                            Hände angefaßt nach
                            oben und schauen auch
                            nach oben.

Teil 2 wiederholen!

Der Einsatz der zweiten Stimme erfolgt in der Mitte des Liedes – „Gott hält unsre Hände ...", so daß immer eine Gruppe läuft, die andere steht und die Handhaltung betont.

 Tanz 2: Am Platz

Die Bewegungen zu 2. (siehe oben) werden von allen in der Gemeinde mitgemacht. Auch das ist als Kanon möglich, wenn die Gemeinde in Blöcke eingeteilt wird.

Bedeutung:
Wir freuen uns über die Zusage Jesu durch den Priester, „Der Friede sei mit euch", und sind bereit, diesen Frieden freudig in die Welt zu tragen.

Einsatzmöglichkeit:
– Zum Friedensgruß: Um den Altar oder an geeigneter Stelle im Altarraum
zu tanzen bzw. in mehreren kleinen Kreisen im Kirchenraum. Auch wenn
Tanz 1 getanzt wird, sollte die Gemeinde die Bewegungen des zweiten Lied-
teils am Platz mitmachen.

Wenn Kinder den Frieden vom Altar zu den Mitfeiernden tragen sollen, kön-
nen sie zum ersten Teil des Liedes in die Kirche hineinlaufen. Zum zweiten
Teil fassen sie an einer Bankreihe den Außenstehenden, die Außenstehende
an und bewegen sich mit der Reihe entsprechend zum zweiten Liedteil. Das
Lied sollte mindestens noch ein zweites Mal gesungen werden, so daß jedes
Kind noch zu einer anderen Bankreihe oder auf seinen Platz laufen kann.

37 Agnus Dei (Lamm Gottes) (GL 511)

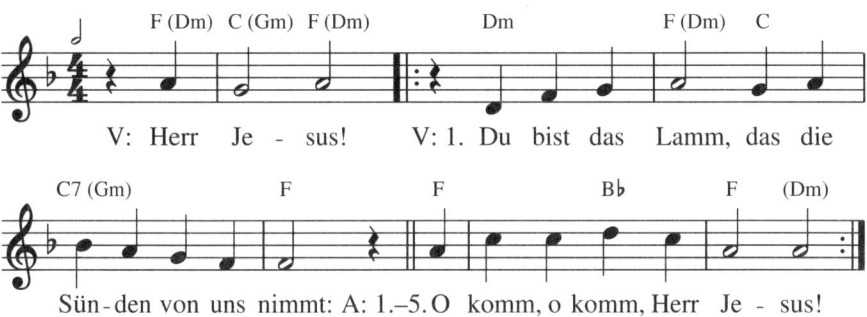

V 2. Du bist der Herr, der uns seinen Frieden bringt:

V 3. Du bist der Hirt, der uns hier zusammenführt:

V 4. Du bist der König, der machtvoll wiederkommt:

V 5. Du bist das Brot, das der Welt das Leben gibt:

Text: Josef Klein und Heinrich Rohr, Musik: Heinrich Rohr,
aus: „50 Gesänge zu Meßfeier und Wortgottesdienst".
Rechte: Christophorus-Verlag, Freiburg.

Ein Vorsänger, eine Vorsängerin oder der Chor singt den Zwischentext. Die Gemeinde singt und tanzt den Kehrvers.

Bewegung:

O komm, o komm	*Mit den Händen*
Herr Jesus!	*Jesus zu sich herwinken.*

Einsatzmöglichkeit:
– Agnus Dei

38 Danket, danket, danket dem Herrn

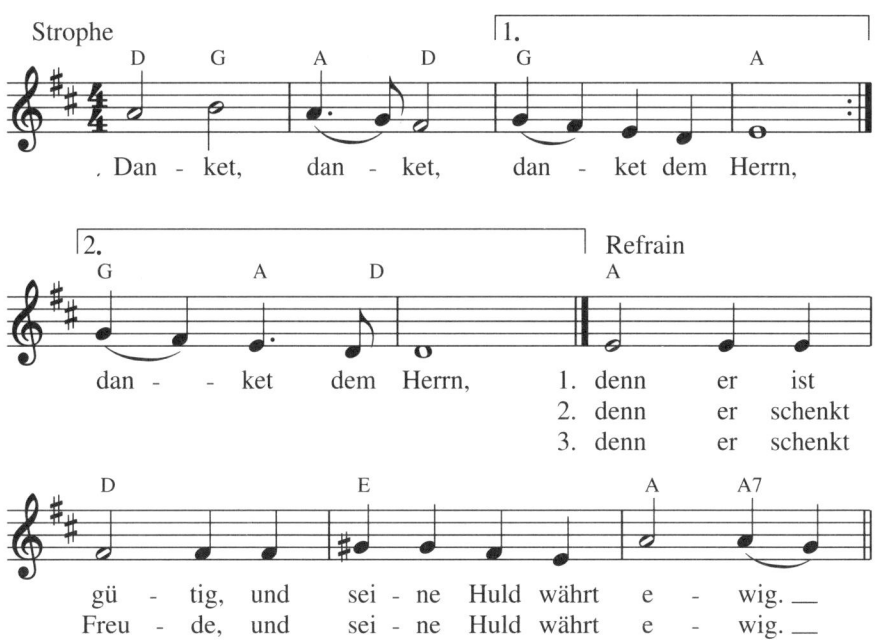

Text und Melodie: Hubertus Tommek, © Verlag Butzon & Bercker, Kevelaer.

○ **Tanz 1: Kreistanz**

Alter: Grundschule

Anzahl: Ab 8 Tanzende

Ausgangsposition:
Kreis, angefaßt, Front zur Kreismitte.

Bewegung:

| Danket, danket, danket dem Herrn, danket, danket, danket dem Herrn, | *4 Kreuzschritte nach rechts:* *re seit – li vor – re seit – li rück.* *Je 2 Takte ein Kreuzschritt:* *I re – li I re – li I.* |

denn er ist gütig,

Handhaltung lösen. Die Tanzenden drehen sich mit 4 Gehschritten rechtsherum auf der Kreislinie. Dabei können sie die linke Hand leicht erhoben mitführen. I re – li I re – li I.

und seine Huld
währt ewig.

Die Tanzenden drehen sich mit 4 Gehschritten linksherum. Dabei können sie die rechte Hand leicht erhoben mitführen.

Bewegung zu weiteren Strophen wie vor.

↑ Tanz 2: Prozessionstanz

Alter: Grundschule

Anzahl: Beliebig

Ausgangsposition:
Die Tanzenden stehen hintereinander in einer Reihe. Sie fassen sich an den Händen.

Bewegung:

| Danket, danket, danket dem Herrn, danket, danket, danket dem Herrn, | *Viermal: Tippschritt: re vor – li tipp, Tippschritt: li vor – re tipp.* | ↑ |

| denn er ist gütig, und seine Huld währt ewig. | *Wie beim Kreistanz: mit 4 Gehschritten einen Kreis rechtsherum, mit 4 Gehschritten einen Kreis linksherum.* | |

Bedeutung:
Beim 2. Teil des Liedes gehen die Tanzenden eine liegende Acht, das Zeichen
für unendlich.

Einsatzmöglichkeiten:
– Zum Auszug am Ende eines Gottesdienstes
– Zum Verlassen des Altarraums
– Zur Evangelienprozession (dann mit geändertem Text: „Lobet, lobet, lobet
  den Herrn", statt „Danket dem Herrn").

39 Danket, danket dem Herrn (GL 283)

Kanon für 4 Stimmen

Dan-ket, dan - ket_ dem_ Herrn, denn er ist so freund - lich;

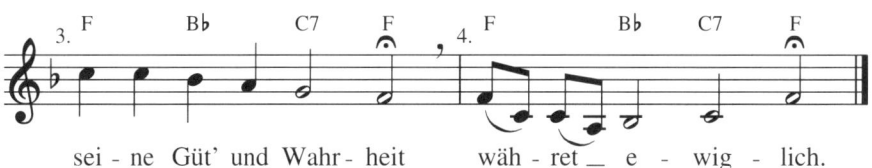

sei - ne Güt' und Wahr - heit wäh - ret _ e - wig - lich.

Text und Melodie 18. Jahrhundert.

◻ **Als Block: Kanon bis zu 4 Stimmen**

Alter: Grundschule

Anzahl: Beliebig, bei 4stimmigem Kanon mindestens 8 Tanzende. Durch die
gruppenweise Aufstellung lassen sich viele Tanzende integrieren.

Ausgangsposition:
Die Tanzenden stehen sich in 4 Gruppen gegenüber, die nicht gleich groß sein
müssen. Nicht angefaßt, Front zur Mitte. Jede Gruppe bildet eine Kanonstimme.

Bewegung:
Danket, danket dem Herrn,   *4 Gehschritte vor zur Mitte:*
                            | re – li – re – li |.

denn er ist so freundlich;	*4 Gehschritte rückwärts zurück:*	
	I re – li – re – li I.	
seine Güt' und Wahrheit	*Tippschritt: re seit – li tipp.*	
	Tippschritt: li seit – re tipp.	
währet ewiglich.	*Nachstellschritt: re rück – li an.*	
	Nachstellschritt: re vor – li an.	

Kanon:

Variation 1:
Gruppe 1 beginnt, Gruppe 2 (gegenüber) folgt, Gruppe 3 danach, dann Gruppe 4.

Variation 2:
Bewegungen wie vor, Aufstellung wie vor, jedoch beginnen die beiden sich gegenüberstehenden Reihen bzw. Blöcke jeweils gleichzeitig. Der Kanon wird dann nur 2stimmig gesungen. Einsatz ist in der Mitte des Liedes.

Variation 3:
Die einzelnen Tanzgruppen sind im Kirchenraum verteilt. Die Bewegungen setzen sofort als Kanon ein. Es wird dreimal je Gruppe durchgesungen und -getanzt.

Einsatzmöglichkeiten:
– Um einen Mittelpunkt, z. B. die Osterkerze, die Krippe, den Altar, die Gaben zu Erntedank
– Danksagung nach der Kommunion

40 Wechselnde Pfade

Kanon für 4 Stimmen

Baltischer Hausspruch.

☐ Als Block: Kanon bis zu 4 Stimmen

```
              ooo
              ooo
              ooo
       ooo         ooo
       ooo         ooo
       ooo         ooo
              ooo
              ooo
              ooo
```

Alter: Grundschule

Anzahl: Beliebig, bei 4stimmigem Kanon mindestens 8 Tanzende

Ausgangsposition:
Die Tanzenden stehen sich in 4 ungefähr gleich großen Gruppen gegenüber, nicht angefaßt, Front zur Mitte. Jede Gruppe bildet eine Kanonstimme.

Bewegung:

Wechselnde Pfade,	*4 Gehschritte vor zur Mitte:* *| re – li | re – li |.*	↑
Schatten und Licht,	*4 Gehschritte rückwärts zurück:* *| re – li | re – li |.*	↓
alles ist Gnade,	*Tippschritt: re seit – li tipp.* *Tippschritt: li seit – re tipp.*	⇄
fürchte dich nicht.	*Nachstellschritt: re rück – li an.* *Nachstellschritt: re vor – li an.*	⇵

Kanon:

Variation 1:
Gruppe 1 beginnt, Gruppe 2 (gegenüber) folgt, Gruppe 3 danach, dann Gruppe 4.

Variation 2:
Bewegungen wie vor, Aufstellung wie vor, jedoch beginnen die beiden gegenüberstehenden Reihen bzw. Blöcke jeweils gleichzeitig. Der Kanon wird dann nur 2stimmig gesungen. Einsatz ist in der Mitte des Liedes.

Variation 3:
Die einzelnen Tanzgruppen sind im Kirchenraum verteilt. Die Bewegungen setzen sofort als Kanon ein. Es wird dreimal je Gruppe durchgesungen und -getanzt.

Bedeutung:
Es geht um den Kontrast: Dunkel und Licht, ähnlich Schuld und Vergebung, Angst und Geborgenheit usw. Die Tanzenden gehen „wechselnde Pfade", ein Vor und Zurück. Sie hören die Zusage: „Fürchte dich nicht!" Dieser Satz ist der wichtigste. Wenn der Kanon in den Gruppen nacheinander ausklingt, hört man immer deutlicher: „Fürchte dich nicht!"

Einsatzmöglichkeiten:
– Thematisch im Wortgottesdienst
– Schlußlied

41 Der Himmel geht über allen auf

◯ **Kreistanz**

Ornamentik des Tanzweges

Alter: Ab 8 Jahre

Anzahl: Ab 12 Tanzende, die möglichst gleich groß sein sollen.
Ab 20 Tanzenden kann mit doppelter Schrittzahl – dann auch doppelt so schnell – getanzt werden, da der Kreisradius größer ist.

Ausgangsposition:
Kreis, Front in Tanzrichtung, nach rechts (gegensonnen), angefaßt. Bei den Drehungen die Handfassung lockern, aber nicht loslassen!

Bewegung:

der himmel geht über allen auf	*4 Gehschritte nach rechts mit links beginnen:* *| li – re | li – re |.*	
auf alle über	*2 Gehschritte zur Mitte:* *| li – re |, dabei die Hände hochheben.*	

118

über allen auf	*Mit 2 Schritten eine halbe Drehung am Platz rechtsherum, dabei durchgefaßt bleiben und unter dem linken Arm hindurchdrehen. Arme wieder senken. Die Tanzenden stehen jetzt ganz dicht beieinander und schauen nach außen.*	
der himmel geht über allen auf	*2 Nachstellschritte: li seit – re an in Tanzrichtung (diesmal vom Tänzer, der Tänzerin aus gesehen nach links).*	
auf alle über	*Ausdrehen: Arme hochheben und dabei eine halbe Drehung linksherum mit 2 Schritten unter dem Arm hindurch. Front zeigt jetzt wieder zur Kreismitte.*	
über allen auf	*2 Gehschritte I li – re I zurück zur Kreislinie.*	

Text: Wilhelm Willms, roter faden glück. lichtblicke,
Verlag Butzon & Bercker, Kevelaer ⁵1988.
Vertont von Peter Janssens, Telgte, MC: Ave Eva.

Von vorn beginnen.
Die Übergänge der Tanzschritte müssen fließend sein. Das Hauptproblem ist, rechts- und linksherum unterscheiden zu müssen.

Bedeutung:
Himmel ist überall. So schauen die Tanzenden in alle Richtungen. Himmel könnte die Erfahrung sein, in eine tragende Gemeinschaft eingebunden zu sein. Himmel kann auch spürbar werden durch die körperliche Nähe der Tanzenden.

Einsatzmöglichkeiten:
– Nach der Kommunion (meditativ); es kann zu dem Tanz auch im Kanon gesungen werden. Die Bewegungen bleiben einstimmig.
– An Festtagen, bei Gemeinschaftsfeiern

42 Halte zu mir, guter Gott

1. Hal-te zu mir, gu-ter Gott, heut den gan-zen Tag. Halt die
Hän-de ü-ber mich, was auch kom-men mag. Hal-te
zu mir, gu-ter Gott, heut den gan-zen Tag. Halt die
Hän-de ü-ber mich, was auch kom-men mag.

2. Du bist jederzeit bei mir.
   Wo ich geh' und steh',
   spür' ich, wenn ich leise bin,
   dich in meiner Näh'.
   Halte zu mir, guter Gott,
   heut den ganzen Tag.
   Halt die Hände über mich,
   was auch kommen mag.

3. Gibt es Ärger oder Streit
   und noch mehr Verdruß,
   weiß ich doch, du bist nicht weit,
   wenn ich weinen muß.
   Halte zu mir, guter Gott,
   heut den ganzen Tag.
   Halt die Hände über mich,
   was auch kommen mag.

4. Meine Freude, meinen Dank,
   alles sag' ich dir.
   Du hältst zu mir, guter Gott,
   spür' ich tief in mir.
   Halte zu mir, guter Gott,
   heut den ganzen Tag.
   Halt die Hände über mich,
   was auch kommen mag.

Text: Rolf Krenzer, Musik: Ludger Edelkötter,
aus: MC Wir feiern heut' ein Fest / Weil du mich so magst (IMP 1022/1036),
alle Rechte im IMPULSE-Musikverlag, 48317 Drensteinfurt.

⭕ Tanz 1: Kreistanz

Alter: Ab 8 Jahre   Ornamentik des Tanzweges

Anzahl: Ab 12 Tanzende, mit annähernd gleicher Größe.
Ab 20 Tanzenden kann mit doppelter Schrittzahl – dann auch doppelt so schnell
– getanzt werden, da der Kreisradius größer ist.

Ausgangsposition:
Kreis, Front in Tanzrichtung nach rechts (gegensonnen), angefaßt. Bei den
Drehungen die Handfassung lockern, aber nicht loslassen!

Bewegung:

Halte zu mir, guter Gott, heut den ganzen Tag. Halt die	*4 Gehschritte nach rechts* *auf der Kreislinie. Mit links* *beginnen: Der Auftakt zählt* *nicht mit. Pro Takt zwei* *Schritte.	li – re	li – re |.*
Hände über mich,	*2 Gehschritte zur Kreismitte,* *dabei die Hände hochheben.* *| li – re |.*
was auch kommen mag. Halte	*Mit 2 Gehschritten eine* *halbe Drehung am Platz,* *rechtsherum! Dabei unbedingt* *durchgefaßt bleiben und unter* *dem linken Arm hindurch* *drehen. Arme wieder senken.*

121

Die Tanzenden stehen jetzt ganz
dicht beieinander und schauen
nach außen | li – re |.

zu mir, guter Gott,
heut den ganzen Tag. Halt die

2 Nachstellschritte:
li seit – re an, in Tanz-
richtung (diesmal vom
Tänzer, der Tänzerin
aus gesehen nach links).
| li – re | li – re |.

Hände über mich,

Ausdrehen: Arme hoch-
heben und dabei mit 2
Gehschritten am Platz
linksherum drehen,
1/2-Drehung. Unbedingt
locker durchgefaßt bleiben!
Front zeigt wieder zur
Kreismitte. | li – re |.

was auch kommen mag.

2 Gehschritte rückwärts
zurück zur Kreislinie. | li – re |.

Bewegungen von neuem beginnen. Die Übergänge der Tanzschritte müssen fließend sein.

<u>Bedeutung:</u>
Es ist ein langsames, gleichmäßiges Schreiten, bei dem das Eingebundensein in eine Gemeinschaft erfahren wird. Das Gehaltensein durch die anderen wird durch die körperliche Nähe gut spürbar. „Halt die Hände über mich" wird verdeutlicht durch das Übergreifen der Arme.
Manchen Kindern fallen die Drehungen schwer, sie drehen zunächst in die verkehrte Richtung. Dabei zeigt sich dann, daß die Gemeinschaft sie nicht „hängen" läßt, sondern hilft, sich einzufinden. Das Einüben macht meist viel Freude.

<u>Einsatzmöglichkeiten:</u>
– Eröffnung
– Zwischengesang
– Nach der Kommunion
– Bei Gruppengottesdiensten und -gebeten im freien Raum (z. B. in der Schule)

Tanz 2: Am Platz

Während das Lied gesungen wird, können die Eltern ihren Kindern eine Hand
oder beide Hände auf den Kopf oder die Schulter legen.
Wird das Lied in einer Gruppe von Kindern gesungen, stehen sich je 2 Kinder
gegenüber. Bei Strophe 1 und 3 hält Kind A seine Hände über Kind B, bei
Strophe 2 und 4 hält Kind B seine Hände über Kind A. Die Hände werden
flach gehalten und leicht horizontal hin und her bewegt (wischen).

Bedeutung:
Es ist eine Geste des Segnens.

Einsatzmöglichkeit:
– Schlußlied

43 Ich bin bei euch

Kanon für 3 Stimmen

Ich bin bei euch al - le Ta - ge, seid nicht bang,

ich bin bei euch eu - er gan - zes Le - ben lang,

spricht der ___ Herr, spricht der ___ Herr!

Aus: Wolfgang Longardt, Du bist unter uns. Kinder singen und fragen,
Gütersloher Verlagshaus Gerd Mohn, Gütersloh. Rechte beim Autor.

⃝ Tanz 1: Kreistanz: Kanon zu 3 Stimmen

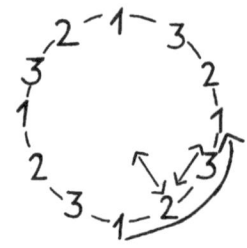

Alter: Ab 9 Jahre

Anzahl:
Eine durch 3 teilbare Anzahl, mindestens 9 Tanzende

Ausgangsposition:
Kreis, nicht angefaßt, Front zur Kreismitte, rechtsherum durchzählen: 1, 2, 3, 1, 2, 3 … alle der Gruppe 1 beginnen, nach vier Takten setzt Gruppe 2 ein, nach weiteren 4 Takten Gruppe 3.

Bewegung:

1. Ich bin bei euch alle Tage,	*4 Gehschritte vorwärts zur Kreismitte. Je Takt 2 Schritte: | re – li |.*	
seid nicht bang,	*4 Gehschritte rückwärts zur Kreislinie im selben Tempo.*	
2. ich bin bei euch euer ganzes Leben lang,	*8 Gehschritte nach rechts, außerhalb der Kreislinie, hinter 2 Tanzenden her. Es wechseln alle gleichen Stimmen einen Platz nach rechts. | re – li |.*	
3. spricht der Herr, spricht der Herr.	*2 Wiegeschritte: re seit – li. Arme hochheben, mitwiegen. Langsam: | re | li |.*	

Schwierig ist Teil 2. Es gilt, den richtigen neuen Platz zu finden. Hilfe: Der, die Tanzende merke sich zu Beginn das links nebenstehende Kind. Diesem Kind folgt er, sie einen Liedabschnitt später und stellt sich wieder rechts daneben. Anfang: Die Nr. 1 merkt sich die nächste rechts von ihr stehende Nr. 3 und stellt sich nach den 8 Schritten rechts neben sie.

124

◯ **Tanz 2: Kreistanz:**

Als Kanon bis zu 3 Stimmen möglich: Es wird in konzentrischen Kreisen gesungen und getanzt. Der innere Kreis fängt an.

Alter: Ab Kindergarten

Anzahl: Beliebig, Kanon ab 12 Tanzende: 4 innen, 8 außen

Ausgangsposition:
Kreis, angefaßt, Front nach rechts in Tanzrichtung.

Bewegung:

1. Ich bin bei euch alle Tage seid nicht bang,	*8 Gehschritte nach rechts auf der Kreis- linie: | re – li |. Hände zeigen nach unten.*	
2. ich bin bei euch euer ganzes Leben lang,	*8 Gehschritte nach links auf der Kreis- linie: | re – li |. Hände zeigen nach unten.*	
3. spricht der Herr, spricht der Herr.	*2 Wiegeschritte: re vor – li. Die Arme schwingen nach vorn mit.*	

Bedeutung:
Bei Mt 28,20 heißt es: „Seid gewiß: Ich bin bei euch alle Tage bis zum Ende der Welt." Auch eine Beziehung zu Jahwe, der da heißt: „Ich bin da bei euch und für euch" ist möglich.
Wir gehen im Vertrauen auf Gottes Nähe unseren Weg und loben ihn im dritten Teil des Tanzes. Bei Tanz 1 wird zudem verdeutlicht, daß der Tänzer, die Tänzerin sich die Zusage Gottes „in der Mitte" geben läßt, sich daraufhin auf den Weg macht, und, am neuen Ort angekommen, Gott lobt.
Jeder Tänzer, jede Tänzerin geht den Weg einer Blume. Durch die Gemeinschaft „legen" sich mehrere Blütenblätter versetzt übereinander.

Einsatzmöglichkeiten:
- Im Wortgottesdienst bei einem Bezug zum Thema (z. B. Weg, Ostern, Himmelfahrt)
- Sakramentenspendung, Taufe u. a.
- Schulanfang und immer, wenn etwas Neues beginnt oder Trost und Vertrauen wichtig sind
- Im Hochgebet, nach der Akklamation: „Deinen Tod, o Herr, verkünden wir ..."
- Einladung zur Kommunion
- Nach der Kommunion

44 Wir wollen alle fröhlich sein (GL 223 ö)

V: 1. Wir wol - len al - le fröh - lich sein
A: Hal - le - lu - ja,   Hal - le - - lu - ja,

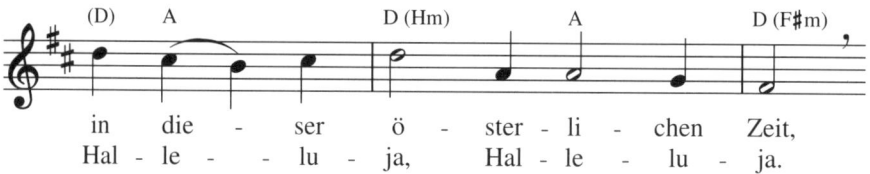

in die - ser ö - ster - li - chen Zeit,
Hal - le - - lu - ja,   Hal - le - lu - ja.

denn un - ser Heil ___ hat Gott ___ be - reit',
Ge - lobt sei Chri - stus, Ma - ri - - en Sohn.

2. Es ist erstanden Jesus Christ,
   der an dem Kreuz gestorben ist;
   ihm sei Lob, Ehr zu aller Frist.

3. Er hat zerstört der Höllen Pfort,
   die Seinen all herausgeführt
   und uns erlöst vom ewgen Tod.

4. Es singt der ganze Erdenkreis
   dem Gottessohne Lob und Preis,
   der uns erkauft das Paradeis.

5. Des freu sich alle Christenheit
   und lobe die Dreifaltigkeit
   von nun an bis in Ewigkeit.
   Halleluja, Halleluja,
   Halleluja, Halleluja.
   Gelobt sei Christus, Marien Sohn.

Das Halleluja sollte nach jeder Strophe gesungen werden.

Text: Medingen bei Lüneburg um 1380, Strophe 2–5 Eisleben 1568,
Musik: Hohenfurt 1410 / Wittenberg 1573.

◯ Kreistanz

<u>Alter:</u> Ab 8 Jahre

<u>Anzahl:</u> Beliebig

<u>Ausgangsposition:</u>
Kreis, nicht angefaßt, Front zur Kreismitte.

<u>Bewegung:</u>

Wir wollen alle fröhlich sein	*4 Gehschritte zur Kreismitte,* *je Takt 2 Schritte.*	
in dieser österlichen Zeit,	*4 Gehschritte rückwärts zurück* *zur Kreislinie.*	
denn unser Heil hat Gott bereit'.	*Mit 4 Schritten eine* *Drehung rechtsherum* *am Platz.*	
Halleluja,	*1 Wechselschritt: re seit – li – re,* *re Arm dabei nach* *rechts ausstrecken.*	
Halleluja,	*1 Wechselschritt: li seit – re– li,* *auch li Arm nach* *links ausstrecken.*	

Halleluja,		*1 Wechselschritt:*	
		re rück – li – re,	
		Arme dabei herunternehmen.	

Halleluja.

1 Wechselschritt:
li vor – re – li,
Arme dabei hochheben.

Gelobt sei Christus,
Marien Sohn.

Mit 4 Schritten eine
Drehung rechtsherum am
Platz. Arme bleiben erhoben.

Zu den weiteren Strophen lassen sich die Bewegungen wiederholen.

<u>Bedeutung:</u>
Teil 1: Wir sagen die Botschaft einander und der Welt.
Teil 2: Das „Halleluja" tanzt die Freude in alle Richtungen.

Familiengottesdienst will allen Generationen gerecht werden. Darum können auch Gottesloblieder getanzt werden. Bei dem sich wiederholenden Halleluja kann die Gemeinde dem Tanz zuschauen, auch wenn sie bei den Strophen vermutlich ins Buch schauen muß.

■ <u>Am Platz</u>

(Hier kann die Gemeinde die Armbewegungen der Tänzer und Tänzerinnen zum Halleluja mitmachen.)

Halleluja,

Den rechten Arm ausstrecken.

Halleluja,

Den linken Arm zusätzlich ausstrecken.

Halleluja,

Die Arme herunternehmen.

Halleluja.

Beide Arme zum Himmel erheben.

Gelobt sei Christus,
Marien Sohn.

Mit erhobenen Armen wiegen: re – li.

<u>Einsatzmöglichkeit:</u>
– Osterzeit

45 Großer Gott, wir loben dich (GL 257 ö)

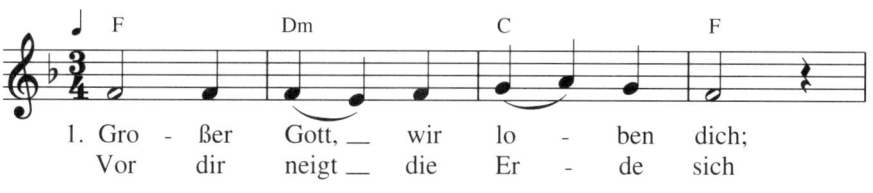

1. Gro - ßer Gott, __ wir lo - ben dich;
Vor dir neigt __ die Er - de sich

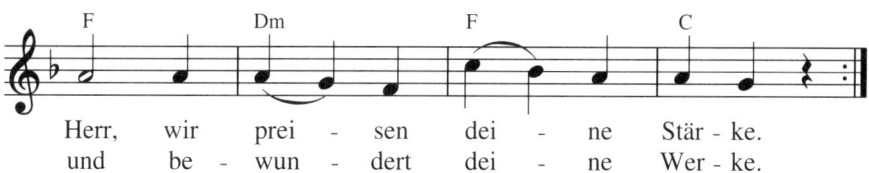

Herr, wir prei - sen dei - ne Stär - ke.
und be - wun - dert dei - ne Wer - ke.

Wie du warst vor al - ler Zeit,

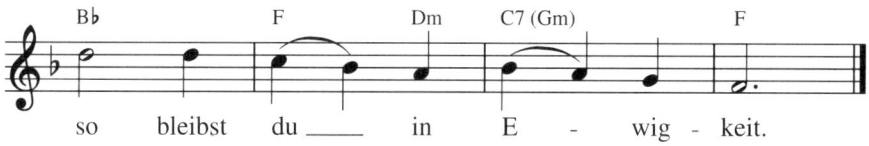

so bleibst du ___ in E - wig - keit.

2. Alles, was dich preisen kann,
   Kerubim und Serafinen
   stimmen dir ein Loblied an;
   alle Engel, die dir dienen,
   rufen dir stets ohne Ruh
   „Heilig, heilig, heilig" zu.

3. Heilig, Herr Gott Zebaot!
   Heilig, Herr der Himmelsheere!
   Starker Helfer in der Not!
   Himmel, Erde, Luft und Meere
   sind erfüllt von deinem Ruhm;
   alles ist dein Eigentum.

5. Dich, Gott Vater auf dem Thron,
   loben Große, loben Kleine.
   Deinem eingebornen Sohn
   singt die heilige Gemeinde,
   und sie ehrt den Heilgen Geist,
   der uns seinen Trost erweist.

6. Du, des Vaters ewger Sohn,
   hast die Menschheit angenommen,
   bist vom hohen Himmelsthron
   zu uns auf die Welt gekommen,
   hast uns Gottes Gnad gebracht,
   von der Sünd uns frei gemacht.

11. Herr, erbarm, erbarme dich.
    Laß uns deine Güte schauen;
    deine Treue zeige sich,
    wie wir fest auf dich vertrauen.
    Auf dich hoffen wir allein:
    laß uns nicht verloren sein.

Text: Ignaz Franz 1771 nach dem „Te Deum", 4. Jh., Nr. 706,
Musik: Wien um 1776 / Heinrich Bone 1852.

⭕ Kreistanz

<u>Alter:</u> Ab 10 Jahre

<u>Anzahl:</u> Eine gerade Anzahl, mindestens 10 Tanzende

<u>Ausgangsposition:</u>
Kreis, nicht angefaßt, Front zur Kreismitte.
Durchzählen zu zweit: 1, 2, 1, 2 ...

<u>Bewegung:</u>

Großer Gott, wir loben dich;	*4 langsame Gehschritte zur Kreismitte. Die Arme dabei langsam zum Himmel hochheben.* *Je Takt 1 Schritt.*	

| Herr, wir preisen | *Stehen. Die Tanzenden der Gruppe 1 führen die gestreckten Arme nach hinten und fassen hinter ihren Nebentanzenden die Unterarme der übernächsten Tanzenden.* |  |

| deine Stärke. | *Jetzt ergreifen die Tanzenden der Gruppe 2 hinter den Rücken ihrer Nachbarn und Nachbarinnen die Hände der rechten und linken Nummer 2. Es entsteht eine starke Mauer.* |  |

| Vor dir neigt die Erde sich | *Haltung beibehalten! Alle beugen sich tief nach vorn.* |

| und bewundert deine Werke. | *Armhaltung lösen, Arme unten vor den Körper nehmen, sich langsam aufrichten, dabei die Arme gestreckt offen bis zur Taillenhöhe erheben.* |

| Wie du warst vor | *1/4-Drehung nach rechts. Der rechte Arm beschreibt einen Kreisbogen von der Kreismitte vor dem Körper her zur Kreislinie. Der linke bleibt gestreckt.* |  |

| aller Zeit, | *Stehen bleiben! Der linke Arm beschreibt gestreckt einen Kreisbogen von rechts vor dem Körper her nach links Richtung Kreismitte.* |  |

so bleibst du in	*Arme in der Waagerechten halten. 2 Anstellschritte: re seit – li an, zur Kreislinie.Der 1. Schritt ist verzögert (halbe Note): | re – li | re – li |.*	
Ewigkeit.	*3/4-Drehung rechtsherum in Ausgangsposition, die Arme langsam herunternehmen.*	

Die weiteren Strophen in der gleichen Weise tanzen.

Bedeutung:
Das Lob Gottes wird durch den ganzen Körper ausgedrückt und in alle Dimensionen des Raumes getanzt. Ein Tanz, der gut eingeübt sein muß.

Einsatzmöglichkeiten:
Festliches Lob:
– an kirchlichen Festtagen
– zur Erstkommunion, Firmung
– nach einer Prozession, Wallfahrt

46 Der Herr hat Großes an dir getan

Kanon für 2 Stimmen

Der Herr _ hat _ Gro - ßes ___ an dir ge - tan;

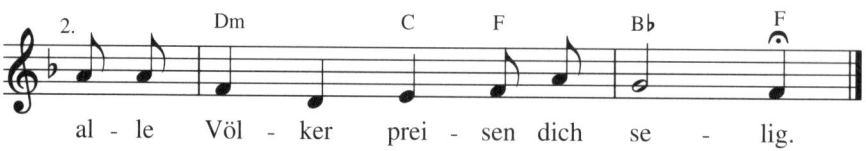

al - le Völ - ker prei - sen dich se - lig.

Musik: Vilma Guilland, © St. Benno-Verlag, Leipzig.

⭕ Kreistanz: Kanon zu zwei Stimmen

<u>Alter:</u> Ab 6 Jahre

<u>Anzahl:</u> Eine gerade Anzahl, sonst als Halbkreis

<u>Ausgangsposition:</u>
Kreis, nicht angefaßt, Front zur Kreismitte. Durchzählen: 1, 2, 1, 2 ... Die
Gruppe 1 beginnt, die Gruppe 2 setzt in der Mitte des Liedes ein.

<u>Bewegung:</u>

1. Der Herr hat   *Beide Arme langsam vor dem*
   Großes   *Körper zum Himmel erheben.*
                    Bei „Großes" stehen die Tanzenden
                    mit erhobenen Armen.

an dir getan;   *Die Arme langsam vor dem Körper*
                    bis auf Taillenhöhe herunternehmen.

2. alle Völker   *Mit 4 Gehschritten rechtsherum*
   preisen dich   *am Platz drehen.*
   selig.   *Der rechte Arm ist am Körper, der*
                    linke zeigt zur Seite, auf „alle Völker".

<u>Bedeutung:</u>
Bei „Großes" wird Gott für das Große gepriesen. Die Einladung an alle Völker, Maria zu preisen, wird durch die Öffnung nach außen und die einladende Handhaltung gezeigt.

<u>Einsatzmöglichkeiten:</u>
– Marienfeste
  (Das Lied läßt sich auch zu einem Marienbild oder einer Marienstatue gewendet tanzen.)
– Advent

133

C. Bewegung und Tanz **im Familiengottesdienst**

Begründung aus der Sicht der Kirche

Frag hundert Katholiken,
was das Wichtigste ist in der Kirche.
    Sie werden antworten:
    Die Messe

Frag hundert Katholiken,
was das Wichtigste ist in der Messe.
    Sie werden antworten:
    Die Wandlung

Sag hundert Katholiken,
daß das Wichtigste in der Kirche
die Wandlung ist.
    Sie werden empört sein:
    Nein, alles soll so bleiben
    wie es ist!

Aus: Lothar Zenetti, Texte der Zuversicht,
J. Pfeiffer Verlag, München [5]*1981.*

Lothar Zenetti schrieb diesen Text 1972, aber noch immer ist er aktuell. Der Kern der Eucharistiefeier ist und bleibt ein Geheimnis, und das bleibt stets dasselbe. Doch die Art und Weise, sich diesem Geheimnis zu nähern, muß sich ändern, da sich die Menschen und ihre Umwelt ändern. Mit der Liturgiereform setzte das Konzil ein wesentliches Zeichen. Es fordert die Anpassung des Gottesdienstes an die Feiernden gemäß ihrem Alter und dem Grad der religiösen Entwicklung, damit eine Hinführung zu einer tätigen Teilnahme gelingen kann.[3]
Die Deutsche Bischofskonferenz hat im Anschluß an das Konzil Richtlinien und Anregungen für den Gottesdienst mit Kindern erlassen. Dadurch angestoßen veröffentlichte die römische Kommission für Liturgie 1973 das „Direktorium für Kindermessen".[4] Zudem wurden drei Hochgebete für Kinder offiziell zugelassen, ein weiteres mit dem Thema „Versöhnung" und ein sprachlich sehr einfach formuliertes für Gottesdienste mit Gehörlosen.[5] Das war eine wichtige Erneuerung, ging man doch zuvor davon aus, daß sich das Kind dem Gottesdienst anzupassen hatte und nicht der Gottesdienst dem Kind.
Was hat das für die Praxis gebracht? Wie sieht diese Hinwendung zum Kind aus?
Im Vorwort des Direktoriums heißt es: „In der Nachfolge ihres Meisters, der

die Kinder ‚umarmte und segnete' (Mk 10,16), kann die Kirche die … Kinder sich nicht selbst überlassen." Jesus hielt den Kindern keine Predigt, keine Katechese, keine Ermahnung. Er nahm sie in die Arme. Diese Körpersprache verstehen Kinder. Um ihnen eine Begegnung mit Jesus im Gottesdienst zu ermöglichen, darf die Vermittlung nicht auf die sprachliche Ebene begrenzt bleiben. Gottesdienstgestaltung soll dazu beitragen, daß Kinder leibhaftig dieser Erfahrung nahekommen: Jesus wartet auf mich, will mich in die Arme nehmen, und ich will ihn loben, ein Fest mit ihm feiern.

Das Medium der Kontaktaufnahme, der Begegnung, ist bei Kindern nicht zuerst das Wort. Wie alt muß ein Mensch werden, bis er in der Lage ist, Gefühle verbal mitzuteilen? Auch wir Erwachsenen stoßen da oft an Grenzen. Es ist schwer, Glauben in Worte zu fassen. Erste Kommunikationsformen des Kindes sind Hautkontakt, ein Blick und ein Lächeln. Erst dann schickt es sich an, die Welt zu begreifen. So dürfen wir auch zu Gott kommen, sprachlos, aber offen. Gottesdienst als Dialog zwischen Gott und Mensch bedarf somit menschlicher Kommunikationsformen.

Die Theologen Klemens Richter und Dieter Emeis fordern für die Hinführung von Kindern zur Eucharistie emotionale und psychomotorische Lernprozesse: ein leibliches Engagement und nicht eine ständige Belehrung über das Wort. Der Auftrag Jesu an seine Jünger war: „Tut dies zu meinem Gedächtnis" (Lk 22,19; 1 Kor 11,24). Er hat nicht gesagt: erwäget, preiset und erzählt, was geschehen ist, sondern „tut".[6] Eine Beziehung zur Liturgie als Feier des Glaubens kann nur möglich werden, wenn der Mensch ganz anwesend ist, mit Leib und Seele, und wenn er das Geschehen körperlich mitvollziehen kann.

Viele Eltern erfahren, daß Kinder leichter zu motivieren sind, einen Gottesdienst mitzufeiern, wenn sie als Meßdiener bzw. Meßdienerinnen oder in Familiengottesdiensten eine Aufgabe haben und sich bewegen können.

Theoretisch bahnt das Direktorium dazu die Wege, wenn es zu den „Gesten" heißt: „Entsprechend dem Wesen der Liturgie als einem Tun des ganzen Menschen und entsprechend der Psychologie der Kinder hat die Teilnahme durch Gesten und Körperhaltungen in Kindermessen im Einklang mit dem Alter und den örtlichen Verhältnissen eine sehr große Bedeutung. Dabei kommt es nicht nur auf die Gesten des Priesters an, sondern auch auf die aller teilnehmenden Kinder." Und ebenfalls dort: „Unter den Handlungen, die zu den Gesten zu rechnen sind, verdienen besondere Erwähnung Prozessionen und andere Formen, bei denen körperliches Tun einbezogen ist."[7]

Es liegt demnach an denen, die Gottesdienste feiern, und denen, die Gottesdienste vorbereiten, hier mutig neue Wege zu gehen.

Auch ein Blick auf das Leben Jesu zeigt: Er selbst ist das leibhaftige Wort Gottes. „Und das Wort ist Fleisch geworden" (Joh 1,14). Als leibhaftiger

Mensch kündete und ehrte Jesus den Vater. Das Wort wird be-greiflich durch ihn und sichtbar. „Erzählt, was ihr seht!" fordert er die Jünger des Johannes auf. „Blinde sehen wieder, und Lahme gehen; Aussätzige werden rein, und Taube hören; Tote stehen auf" (Mt 11,4 f). Jesus ist einer zum Anfassen. Von ihm geht Heil aus. Fast alle Heilungsgeschichten haben mit Berührung zu tun. Die blutflüssige Frau berührt sein Gewand und wird geheilt (Mk 5,27–30). Jesus ergreift die Hand der toten Tochter des Jairus und spricht: „Steh auf!" (Mk 5,41). Er berührt die Augen der Blinden (Mt 9,29), dem Taubstummen legt er die Finger in die Ohren und benetzt seine Zunge mit Speichel (Mk 7,31–35). Jesus heilt nicht nur durch Worte, er heilt sinnenhaft. Er nimmt den Menschen als ganze Person an und ist um leibliches wie seelisches Heil bemüht.

Schließlich muß sein Leib einen qualvollen Tod erleiden. Und als Auferstandener gibt er sich leibhaftig zu erkennen, damit die Jünger ihn „begreifen" können, wie es Wunsch des Thomas ist: „Wenn ich meinen Finger nicht in die Male der Nägel und meine Hand nicht in seine Seite lege, glaube ich nicht" (Joh 20,25).

Aufbau eines Familiengottesdienstes und Einsatz der Tänze

Werfen wir einen Blick auf den Aufbau einer Eucharistiefeier, um zu verdeutlichen, welche „wandelbaren" Teile er enthält, damit Tänze sinnvoll eingebracht werden können.

Das obenerwähnte Direktorium ermöglicht eine Anpassung von Elementen der Meßfeier oder Auslassung einzelner Teile, um Kinder nicht zu überfordern. Dabei wird unterschieden zwischen Meßfeiern für Kinder im vorpubertären Alter, Meßfeiern für Erwachsene, an denen auch Kinder teilnehmen, und Meßfeiern mit Kindern, an denen nur wenige Erwachsene teilnehmen. Folgende Tabelle bezieht sich auf die letztgenannte Gruppe.[8]

Aufbau der Meßfeier (Ordo Missae)	Elemente, die gemäß Direktorium nicht ausgelassen werden dürfen
Eröffnung Eingangslied Begrüßung / Einführung Schuldbekenntnis / Bußakt Kyrie („Herr, erbarme dich") Gloria („Ehre sei Gott")	**Eröffnung** ein Element nach Wahl
Tagesgebet	Tagesgebet
Wortgottesdienst Erste Lesung (AT) Antwortpsalm (Erster Zwischengesang) Zweite Lesung (NT) Hallelujaruf (Zweiter Zwischengesang) Evangelium	**Wortgottesdienst** Evangelium, (wenn die Tagestexte wenig geeignet sind, darf beliebig aus der Heiligen Schrift ausgewählt werden).
Predigt (Homilie) Credo (Glaubensbekenntnis) Fürbitten	Hinführung zum Evangelium und / oder Ausdeutung des Evangeliums
Eucharistiefeier Gabenbereitung: Gesang zur Gabenbereitung Herbeibringen der Gaben Gabengebet	**Eucharistiefeier** Herbeibringen der Gaben Lied zur Gabenbereitung Gabengebet
Eucharistisches Hochgebet:	Auswahl aus 13 Hochgebeten: vier gewöhnliche, drei für Kindermessen, eines für gehörlose und lernbehinderte Kinder, Hochgebet der Versöhnung, vier Hochgebete zu besonderen Anlässen

Präfation (Danksagung)	
Sanctus (Heilig)	
Das weitere Gebet mit den	
Einsetzungsworten	
Akklamation: Geheimnis	
des Glaubens!	
Weiteres Gebet	
Großer Lobpreis:	
(Durch ihn ...)	
Kommunion:	
Vaterunser	Vaterunser
Friedensgebet / Friedensgruß	
Brotbrechung – mit Gesang	Brotbrechung
zur Brotbrechung	
(Agnus Dei = Lamm Gottes)	
Einladung zur Kommunion	Einladung zur Kommunion
Kommunion	Kommunion – Kommunionlied
Besinnung und Dankhymnus	
Entlassung	**Entlassung**
Schlußgebet	Schlußgebet
Schlußlied	Kurzansprache vor dem Segen
Segen – Entlassung	Segen – Entlassung

Es versteht sich von selbst, daß es nicht sinnvoll wäre, bei der Gestaltung eines Gottesdienstes von der Frage auszugehen: Was lassen wir die Kinder tun? Also: Wo bringen wir „Action", damit sich die Kinder wohlfühlen? Wie die Musik im Gottesdienst dienende Funktion hat, so ist auch der Tanz dem eigentlichen Geschehen untergeordnet. Wenn ein Thema gefunden ist, ein besonderer Akzent des Gottesdienstes feststeht, der gefeiert werden soll, dann kann Tanz die Feiernden dafür öffnen, die Aussage verdeutlichen oder eine Antwort der Gemeinde vertiefen, damit es ein Fest wird.

Alphabetisches Verzeichnis der Lieder und Tänze

Anmerkungen und Quellennachweise

1 Konstitution über die heilige Liturgie, Art. 7, in: Karl Rahner / Herbert Vorgrimler: Kleines Konzilskompendium. Freiburg i. Br. 1966.

2 Ebd., Art. 34.

3 Vgl. ebd., Art. 19 und 33.

4 In: Die Meßfeier – Dokumentensammlung (Arbeitshilfen 77), Bonn 1990, S. 145–162 (zu beziehen über: Sekretariat der Deutschen Bischofskonferenz, Kaiserstraße 163, 53113 Bonn).

5 Fünf Hochgebete. Hrsg. vom Liturgischen Institut. Salzburg/Trier/Zürich [7]1991.

6 Vgl. Klemens Richter: Für eine neue Sinnlichkeit im Gottesdienst, in: Katechetische Blätter (1986), S. 917–921.

7 Direktorium für Kindermessen, Abschn. 33, 34, in: Die Meßfeier, a.a.O.

8 Vgl. Gerhard A. Rummel / Leopold Haerst: Kinder- und Familiengottesdienst. Kurs zur Ausbildung von Mitarbeitern im Kindergottesdienst. München/Zürich/Köln 1981.

Die Choreographie zum Lied Nr. 18 entstand nach einer Idee von Gertrud Prem, München.

Die Bewegungen zum Lied Nr. 32 wurden nach einer Idee von Heriburg Laarmann gestaltet (in: dies.: Mit Freude das Leben feiern, Verlag Herder, Freiburg–Basel–Wien [2]1994.

Die Rechte für die Tänze, Fotos und Zeichnungen liegen bei Hannelie Jestädt.

Weiterführende Literatur und Musikkassetten

Liturgischer Tanz

Teresa Berger: Liturgie und Tanz. Anthropologische Aspekte, historische Daten, theologische Perspektiven. St. Ottilien 1985.

dies. (Hrsg.): Tanzt vor dem Herrn, lobt seinen Namen. Einfache Beispiele für Gottesdienste und Feste im Kirchenjahr. Mainz 1985.

Hilda Maria Lander / Maria Regina Zohner: Meditatives Tanzen. Stuttgart 1987.

Waltraud Schneider: Getanztes Gebet. Vorschläge für Gottesdienste in Gemeinde und Gruppe. Freiburg–Basel–Wien [4]1991.

dies.: Lobt ihn mit Tanz. Neue Vorschläge für den Gottesdienst. Freiburg–Basel–Wien 1990.

Familiengottesdienst

Lydia Baßler: Kirche für Kinder. 25 Wortgottesdienste. Mainz 1984.

Birgit Jeggle-Merz / Ralph Sauer / Andreas Schwenzer: Gottesdienst feiern mit Kindern. Freiburg–Basel–Wien 1994.

Heriburg Laarmann: Mit Märchen und ihren Sinnbildern. Neue Familiengottesdienste. Freiburg–Basel–Wien [6]1993.

dies.: Mit Zeichen und Symbolen. Neue Familiengottesdienste. Freiburg–Basel–Wien [7]1993.

dies.: Bilder erzählen von Gott. Neue Gottesdienstmodelle. Freiburg–Basel–Wien [2]1992.

dies.: Mit Freude das Leben feiern. Neue Familiengottesdienste. Freiburg–Basel–Wien 1993.

Kirchliche Dokumente

Konstitution über die heilige Liturgie, in: Karl Rahner / Herbert Vorgrimler: Kleines Konzilskompendium, Freiburg–Basel–Wien [24]1993.

Direktorium für Kindermessen, in: Die Meßfeier – Dokumentensammlung (Arbeitshilfen 77). Hrsg. vom Sekretariat der Deutschen Bischofskonferenz.

Musikkassetten zu den Liedern

Impulse-Musikverlag, Drensteinfurt:
Wir feiern heut ein Fest
Ich schenke euch mein ganzes Leben (Musical zu Don Bosco)
Herr, gib uns deinen Frieden
Halte zu mir, guter Gott
Alle Knospen springen auf

Peter Janssens-Musikverlag, Telgte:
Ave Eva

Menschenkinder Musikverlag, Münster:
Licht auf meinem Weg
Solange die Erde lebt
Deine Welt ist meine Welt

Tanzübersicht mit Einsatzmöglichkeiten für die Meßfeier und das Kirchenjahr

* Zeichenerklärung für die Tänze siehe S. 46 f.
  K   = Als Kanon möglich
  MC = Es gibt eine Cassette mit dem Lied

		Tanzform*		Alter
1. Du hast uns deine Welt geschenkt		■		ab 4
2. Er hält die ganze Welt in seiner Hand		■		ab 4
3. Alle Knospen springen auf		■		ab 4
4. Gottes Liebe ist so wunderbar		■		ab 4
5. Vater unser		■		ab 4
6. Eine Sonnenblume		■		ab 4
7. Die Emmausjünger				
8. Und richte unsere Füße	K	○ ↑		GS
9. Wir sind auf dem Weg	K	○ ↑		GS
10. Gehn wir in Frieden	K	○ ↑		GS
11. Mache dich auf und werde Licht	K	○ ↑		GS
12. Mir ist ein Licht aufgegangen	MC, K	○ ↑		GS
13. Herr, du bist Licht		○		GS
14. Kommt herbei, singt dem Herrn		○		GS
15. Laßt uns miteinander	K	○		ab 4
16. Was wir brauchen	K	○		ab 4
17. Wir feiern heut ein Fest	MC	○		ab 9
18. Wenn du singst		⋯⋯		GS
19. Wenn ich singe	MC	■	○	ab 4
20. Das wünsch' ich sehr	MC, K	■		ab 4
21. Viele kleine Leute	MC, K	■	⋯⋯	ab 4
22. Kommt, sagt es allen Leuten		○		ab 8
Komm, sag es allen weiter		○		ab 8
23. O Herr, wir loben und preisen dich		■		ab 4
24. Macht es wie die Kinder		○		GS

146

Durch die MESSE   **Durch das KIRCHENJAHR**

Eröffnung	Buße	Kyrie	Gloria	Zwischengesang	Credo	Fürbitten	Gabenbereitung	Sanctus	Hochgebet	Vaterunser	Friedensgruß	Einladung zur Kommunion	Danksagung / Meditation	Schluß	Advent	Weihnachtszeit	Fastenzeit	Osterzeit	Marienfeste	Erntedank
			●	●									●							●
●													●	●						●
●				●									●	●	●					
●			●	●									●							
										●										
												●	●							●
																		●		
											●		●					●		
●													●					●		
											●		●							
				●									●	●	●					
				●									●						●	
				●	●								●		●	●				
●																				
●			●										●							
							●						●							●
																●		●		
●				●									●							
●													●	●						
●				●			●					●	●	●				●		
													●	●						
●				●				●			●									
●			●				●													●
	●			●									●							

Tanzübersicht mit Einsatzmöglichkeiten für die Meßfeier und das Kirchenjahr

Zeichenerklärung für die Tänze siehe S. 46 f.
  K = Als Kanon möglich
  MC = Es gibt eine Cassette mit dem Lied

		Tanzform*	Alter
25. Kyrie eleison (russ. Melodie)		↑	GS
26. Christus, Herr, erbarme dich		■	ab 4
27. Ehre sei Gott		■	ab 4
28. Lobet und preiset ihr Völker den Herrn	K	○	GS
29. Vom Aufgang der Sonne	K	‖‖	ab 8
30. Halleluja	K	2 x ○	GS
31. Heilig, heilig, heilig		■	ab 4
32. Heilig als Lichtertanz		○	GS
33. Wir preisen deinen Tod	K	■	ab 4
34. Herr, gib uns Frieden	MC, K	■	ab 4
35. Hevenu shalom alejchem	K	↑	ab 8
Fröhlich sein, Gutes tun	MC	○	ab 8
Froh zu sein bedarf es wenig		○	ab 8
36. Den bunten Frieden, den Freudefrieden	K	■ ○ ↑	ab 4
37. Agnus Dei (Lamm Gottes)		■	ab 4
38. Danket, danket, danket dem Herrn		○ ↑	GS
39. Danket, danket dem Herrn	K	□	GS
40. Wechselnde Pfade	K	□	GS
41. Der Himmel geht über allen auf	MC	○	ab 8
42. Halte zu mir, guter Gott	MC	■ ○	ab 8
43. Ich bin bei euch	K	○	ab 4, GS
44. Wir wollen alle fröhlich sein		○	GS
45. Großer Gott, wir loben dich		○	ab 10
46. Der Herr hat Großes an dir getan	K	○	GS

Durch die MESSE   Durch das KIRCHENJAHR

Eröffnung	Buße	Kyrie	Gloria	Zwischengesang	Credo	Fürbitten	Gabenbereitung	Sanctus	Hochgebet	Vaterunser	Friedensgruß	Einladung zur Kommunion	Danksagung / Meditation	Schluß	Advent	Weihnachtszeit	Fastenzeit	Osterzeit	Marienfeste	Erntedank
	•	•															•			
		•				•														
			•													•				
•			•																	
•			•																	
			•	•				•								•		•		
								•								•		•		
								•								•		•		
									•		•							•		
										•										
										•										
				•																
											•									
												•								
			•	•									•	•						•
				•																•
				•										•						
													•					•		
				•									•	•						
				•				•				•	•	•				•		
•				•														•		
			•											•		•		•		•
															•				•	

149

Schöpferische Predigten
für die „große" und „kleine" Gemeinde

Theresia-Benedicta Uhl

**Bausteine für
Kindergottesdienste**

126 Seiten
Paperback
ISBN 3-7666-9939-3

Die in dieser Sammlung vorgelegten „Bausteine" sind aus
der Praxis der Verkündigung in Liturgiefeiern, Wortgottesdiensten, Hauskreisen und Seminaren entstanden. Die einfache, bildhafte Sprache und die Beziehung der biblischen
Inhalte zum Leben der Hörerinnen und Hörer zeichnen die
Modelle aus.

Jedes der rund 40 Modelle bietet Vorschläge für Materialien, die verwandt werden können, eine kurze Einführung,
die Durchführung, ein Gebet, einen Text zum Ausklang und
eine biblische Nachlese.

Verlag Butzon & Bercker Kevelaer

Gott spüren
mit Leib und Seele

Norbert Possmann

Anknüpfungspunkte

Gott feiern
mit jungen Leuten

120 Seiten
Paperback
ISBN 3-7666-9966-0

Wenn Gott gefeiert wird, muß dann nicht der Mensch mit allen fünf Sinnen angesprochen werden, ihn mit Leib und Seele spüren? Die Gottesdienste und Impulse für Gruppenarbeit und Meditation sind diesem ganzheitlichen Ansatz verpflichtet.

Zu den einzelnen Modellen werden Geschichten und Übungen angeboten; ergänzend knüpft der Verfasser an Symbole des täglichen Lebens an, damit das Erfahrene über die Feiern hinaus lebendig weiterwirkt.

Verlag Butzon & Bercker Kevelaer